MW01517394

José Ramón Sánchez Guzmán

DICCIONARIO
DE MARKETING

ACENTO
EDITORIAL

Diseño de cubierta: Alfonso Ruano/César Escolar
Imagen de cubierta: Andy Warhol

© José Ramón Sánchez Guzmán, 1998
© Acento Editorial, 1998
   Joaquín Turina, 39 - 28044 Madrid

Comercializa: CESMA, SA - Aguacate, 43 - 28044 Madrid

ISBN: 84-483-0307-5
Depósito legal: M-914-1998
Fotocomposición: Grafilia, SL
Impreso en España/*Printed in Spain*
Huertas Industrias Gráficas, SA
Camino Viejo de Getafe, 55 - Fuenlabrada (Madrid)

PREÁMBULO

Los textos bíblicos nos hablan del castigo divino a los constructores de la Torre de Babel. Nada peor que no entenderse. O nada peor que no entender lo que a uno le dicen, lo que uno lee o lo que uno tiene que escribir. Es como un muro que separa inexorablemente a los humanos, que no pueden ser sociales, es decir, sentirse y vivir como miembros de una colectividad organizada.

Sucede esto aún con más fuerza en el mundo de las nuevas ideas y de las nuevas técnicas, siempre acompañadas de un vocabulario propio nacido, creo yo, de poner nombre a las cosas que antes no existían para —como pasaba en el Macondo de los *Cien años de soledad* de García Márquez— no tener que señalarlas con el dedo ante la falta de nominación en mundos recientes.

El marketing, qué duda cabe, pertenece a ese mundo tal vez antiguo como técnica empresarial pero muy nuevo como acercamiento personal. Ahora, con su propio idioma, anda por ahí llenándonos la vida de «segmentaciones del mercado», «imágenes de marca», «merchandising» y «telemarketing», entre otros vocablos, que son los que, a mi modo de entender, he creído necesario explicar con la suficiente precisión y concisión para hacerlos comprensibles a usuarios y receptores.

Porque, ya lo decía nuestro Cervantes, «tanto peca el que dice latines delante de quien los ignora como el que los dice ignorándolos».

A

Acción conjunta
Joint venture

Acuerdo que toman dos o más empresas para realizar, de forma conjunta, una acción determinada de manera más eficiente que si lo hicieran por separado. Los beneficios o pérdidas se reparten entre ellas en la proporción que se estipule en el acuerdo. En marketing, los acuerdos *joint venture* suelen realizarse a nivel vertical, es decir, participando empresas especializadas en cada una de las acciones (por ejemplo, investigación de mercados, publicidad y promoción de ventas), las cuales se ponen de acuerdo ocasionalmente para una acción global, casi siempre de gran envergadura. A nivel horizontal (empresas de una misma actividad) es raro encontrar acuerdos *joint venture* en marketing.

Acordeón
Accordion fold

Pieza publicitaria que se pliega en zigzag, de tal forma que aparece ante el destinatario como una sola hoja que, al abrirse en toda su longitud, lentamente o de un tirón, aumenta y permite ver todo el mensaje contenido en ella. El efecto que se consigue con esta pieza publicitaria es el de la curiosidad del receptor, al tener que desdoblarlo en una secuencia lógica para descubrir el mensaje que contiene.

Actitudes
Attitude

Mecanismos psicológicos que determinan la tendencia del individuo a reaccionar, positiva o negativamente, ante un determinado estímulo. La actitud está formada por tres componentes: el *cognoscitivo* (o perceptivo), que define y clasifica los estímulos; el *afectivo*, que valora los estímulos en positivos y negativos, y el *reactivo*, que determina la tendencia a actuar. El marketing se centra en las actitudes del consumidor, modificándolas cuando son negativas hacia el producto o la marca que ofrece al mercado y reforzándolas cuando son positivas.

Acumulación de audiencia
Audience accumulation

Número de personas distintas puestas en contacto por diversos números de un soporte de información determinado (por ejemplo, un mismo periódico leído regularmente) en el que se incluyen un cierto número de inserciones de un mismo anuncio, con lo cual la audiencia de la «publicidad» *(véase)* sufre un efecto acumulativo, las más de las veces de carácter menos que proporcional, hasta llegar a un límite de saturación.

Adhesivo
Sticker

En promoción de marketing, impreso de pequeño tamaño y forma variada con engomado en el anverso, en el reverso o en las dos caras, que normalmente se coloca sobre los cristales de entrada a los puntos de venta y, en algunos casos, en otros lugares idóneos para ello, como cajas registradoras, columnas, etc. Las funciones básicas del adhesivo utilizado con fines de promoción comercial son la información del lugar de venta del producto o servicio y la recordación de la publicidad difundida por otros medios.

Adopción
Adoption process
Proceso a través del cual el consumidor acepta un nuevo producto que aparece en el mercado y lo convierte en un artículo de compra regular. La opinión más generalizada admite la existencia de cinco etapas que configuran el proceso: *el apercibimiento* (el individuo ve por primera vez el producto), *el interés* (la conducta empieza a dirigirse hacia el producto percibido), *la evaluación* (el individuo sopesa las ventajas y desventajas del producto), *el ensayo* (se prueba el producto para detectar su utilidad), y *la adopción* (el individuo decide utilizar el producto regularmente).

Afectividad
Affectivity
Aspecto de la vida psíquica que es fundamental para comprender y analizar los efectos de las acciones de marketing sobre el individuo considerado en su dimensión de comprador o consumidor, o ambas cosas a la vez. La afectividad está formada por varios estadios: la *emoción*, que es un estado temporal de reacción repentina; el *sentimiento*, que comporta prolongamientos y matices de los estímulos, y la *pasión*, que es un sentimiento poderoso y perdurable que absorbe completamente al individuo y llega a dominar su vida psíquica. El marketing apela siempre a la afectividad del individuo buscando introducirse en sus sentimientos, ya que las emociones son pasajeras y las pasiones son imposibles de suscitar por una acción comercial.

Agencia de publicidad
Advertising agency
Empresa de servicios que planea, controla y maneja campañas de publicidad situándolas en los medios de comunicación (prensa, televisión, radio, etc.) y soportes de difusión (un determinado periódico, una cadena de televisión, una emisora de radio, etc.) y lleva a cabo otras acciones promocionales que le encarguen sus clientes. El llamado servicio pleno de la agencia de publicidad se refiere a la realización de la clase de actividades que debe llevar a cabo para servir a su clientela: un servicio completo de marketing, de concepción, de difusión y de producción.

AIDA
AIDA
Siglas correspondientes a las iniciales de los vocablos «atención», «interés», «deseo» y «acción», y que representan las cuatro etapas por las que, según este modelo de actuación de la publicidad, pasa el individuo hasta la compra del producto anunciado. Este modelo ha sido también aplicado a la venta personal para establecer las etapas que ha de suscitar en el comprador las argumentaciones del vendedor.

Alcance
Reach
En sentido estricto, ámbito geográfico de una acción de

marketing y, más concretamente, de una campaña de publicidad. Así, se habla de campañas de alcance local, regional, nacional e internacional. En ocasiones se hace aparecer «alcance» como sinónimo de «cobertura» *(véase)*, pero este concepto se refiere únicamente a la capacidad de un soporte de difusión publicitaria (una emisora de radio, por ejemplo) para difundir un anuncio entre distintos segmentos de la población según sexo, edad, profesión, etc. Evidentemente, el alcance de una acción de marketing está en función de los soportes de difusión que utiliza, pero ello no significa que el lenguaje empleado para planificar la difusión confunda el objetivo con los instrumentos.

Almacén popular
Variety store
Establecimiento detallista que vende una gran variedad de productos distribuidos en secciones o departamentos. Su superficie media es de 4.000 metros cuadrados y tiene un surtido aceptable de productos de gran consumo vendidos en régimen de autoservicio. Trabaja con «márgenes comerciales» *(véase)* reducidos y ofrece artículos de calidad media a precios bajos. Su estrategia de marketing es la captación de la clientela con capacidad de compra media / baja o baja. El servicio posventa que ofrece, o no existe o es muy reducido.

Animatic
Animatic
Término inglés generalmente aceptado en marketing para designar el resultado de la filmación de un *storyboard (véase)*, normalmente en vídeo. Con ello se logra *representar*, de la forma más aproximada posible a la real, el proyecto de un anuncio para cine o para televisión. Otra utilización del *animatic* muy extendida y útil es para la *investigación de la publicidad* en su fase inicial o *pretest (véase)*, es decir, antes de su creación, producción y difusión definitiva, ya que se investiga el valor del proyecto de anuncio (atención, recuerdo, etc.) en una situación similar a la que el público lo percibiría de estar perfectamente terminado.

Anunciante
Advertiser
Denominación dada en el ámbito profesional de la publicidad a la empresa que anuncia los productos o servicios que ofrece. En ocasiones, la figura del anunciante se identifica con el organismo de la empresa responsable de llevar a cabo su acción publicitaria, hablándose entonces de *departamento de publicidad de la empresa*, denominación ésta más correcta, ya que la empresa, en su totalidad, no tiene por misión «anunciarse» sino producir a un coste y vender a un precio tal que la diferencia le proporcione un beneficio.

Anuncio
Advertisement
Resultado de la técnica publicitaria materializado en un soporte determinado (papel impreso, cinta grabada, película impresionada, etc.) que transmite, de la mejor forma posible, la *información más relevante* acerca de un

producto o servicio para promover su compra o utilización. El anuncio recibe diversas denominaciones según el medio de comunicación donde se difunde: «original» de prensa, «cuña» *(véase)* radiofónica , «spot» *(véase)* de televisión, «valla» *(véase)* de publicidad exterior *(véase)*, etc.

Aprendizaje
Learning
Cambio relativamente duradero en los mecanismos de conducta del individuo derivado de una experiencia o de una práctica. Desde el punto de vista del marketing, el aprendizaje comercial está encaminado a provocar cambios en los mecanismos de conducta del consumidor para dirigir su elección hacia el producto que la empresa le ofrece en el mercado y, una vez conseguidos, hacer las ventas regulares y repetitivas para convertir la adquisición del producto en un «hábito» *(véase)*.

Argumentario de ventas
Sales-arguments book
Documento de marketing que utiliza un vendedor para ayudarse en su trabajo. Entre otros datos, el argumentario de ventas debe contener una tipología de la clientela potencial, el cuadro general de argumentos a utilizar inicialmente por el vendedor, el comportamiento previsible de cada grupo tipológico ante la argumentación inicial, un repertorio de objeciones previsiblemente utilizadas por esos clientes y las contraobjeciones que pueden permitir vencer definitivamente la posible resistencia del comprador.

Asentador
Central market wholesaler
Mayorista de los mercados centrales de carne, de pescado y de frutas y verduras situado en los grandes núcleos urbanos. Generalmente tiene un puesto de venta en régimen de concesión administrativa y su función de marketing es recibir los productos en grandes cantidades, almacenarlos, clasificarlos, exponerlos y venderlos a los minoristas de la ciudad donde está ubicado. Puede operar mediante la compra en firme de los productos en origen o mediante el depósito y venta en nombre de terceros, recibiendo por ello una determinada comisión.

Atención
Attention
Concentración de la mente sobre alguna cosa. Las variedades de la atención son tres. La *voluntaria* depende del individuo y de sus motivaciones; la *involuntaria* es atraída por el medio exterior debido a la organización particular del campo perceptivo donde aparece el objeto o el fenómeno destacado del conjunto; y la *fascinada* surge cuando el individuo se concentra con gran intensidad en un estímulo determinado. Todos los esfuerzos de marketing tienen, como primer objetivo, atraer la atención del público sobre el producto anunciado y, como segundo objetivo, mantenerla despierta para interesarle de manera más profunda.

Atributos del producto
Product attribute
Cualidades incorporadas al producto encaminadas a formar una imagen definida del

mismo en el consumidor. Estas cualidades pueden ser *tangibles* (forma, peso, etc.) e *intangibles* (imagen de marca, garantía, servicios, etc.), y también pueden ser *reales* (café amargo, por ejemplo) o *psicológicas* (el perfil de quien toma café amargo, por ejemplo). En marketing, la idea clave de la noción de «producto» es el que lo considera como el artículo fabricado, más todos los atributos que se incorporan a él.

Audiencia
Audience
Público que, de forma regular, tiene contacto con un medio o un soporte de comunicación determinado y, por consiguiente, es susceptible de recibir los mensajes de promoción comercial en general y de publicidad en particular que, a través de él, se difunden. La evaluación de la audiencia es de gran utilidad ya que, sabiendo el número de personas susceptibles de recibir los mensajes promocionales, se puede, en primera instancia, conocer su potencial difusión a quien teóricamente se dirigen. Para la evaluación de la audiencia se recurre a diversos procedimientos basados, generalmente, en la técnica de las «encuestas» *(véase)*.

Autoservicio
Self-service store
Comercio detallista cuya característica básica es que los clientes se sirven a sí mismos tomando de las estanterías los productos que desean y pagándolos en una o más cajas situadas a la salida del establecimiento. La estrategia de marketing del autoservicio se basa en la proximidad a la clientela, en el trato personal y en un surtido reducido adaptado a las necesidades diarias de los compradores.

Autoventa
Self sales
Unión de los vocablos «automóvil» y «ventas», es decir, vender con un automóvil (y no «venderse a sí mismo», como tendría significado de utilizar la expresión «auto» derivada del adjetivo griego *autós*, a sí mismo). Forma de vender en la que se unifican, en una sola persona, las funciones de venta, de entrega de mercancías y de cobro, para lo cual se provee al vendedor de un vehículo (camión, furgoneta, etc.) y se le asigna una zona de reparto. Muy utilizado para los productos perecederos de consumo habitual (refrescos y alimentación sobre todo) y de carburantes domésticos (butano principalmente).

B

Bact to back
Bact to back
Expresión inglésa que se utiliza en la terminología profesional del *merchandising (véase)* para designar un mueble de tamaño relativamente pequeño y fácilmente transportable con dos caras, donde se colocan dos productos diferentes, uno en cada cara. Generalmente se utiliza en supermercados y establecimientos de grandes superficies y lleva incorporada publicidad en cualquier sitio visible, aunque la de mayor impacto es la que se sitúa en la cabecera o punto de unión común de ambas caras. También se utiliza el término en publicidad para indicar la colocación de dos anuncios, uno a continuación de otro, en un mismo soporte de comunicación, el mismo día de publicación o a la misma hora de emisión.

Banco de datos
Data bank
Conjunto completo de ficheros con información básica de la que se puede disponer por la función memorística de los computadores. Suelen estar situados en las bibliotecas o en los centros de documentación y, generalmente, están a disposición de muchos usuarios, aunque también pueden ser propiedad de una sola entidad y de uso exclusivo de ella, como sucede con los ficheros de clientes de la empresa. No debe confundirse con «base de datos» *(véase)*, ya que este concepto es mucho más rico al incluir las manipulaciones necesarias para convertir un banco de datos en un instrumento básico para la gestión eficaz de la acción de marketing.

Bartering
Bartering
Término inglés compuesto del sustantivo *barter* (trueque) y el radical *ing*, que se utiliza en el ámbito profesional del marketing para indicar la acción mediante la cual un «anunciante» *(véase)* y un soporte de comunicación intercambian «productos»: el soporte entrega el *producto espacio* al anunciante a cambio del *producto programa* que el anunciante aporta. No debe confundirse el *bartering* con la colocación de marcas *(product placement)* dentro de los programas de televisión ya que, en esta acción, el anunciante financia una parte del programa a cambio de figurar en él su marca dentro del ambiente o situación donde aparece. En el *bartering*, en cambio, el anunciante aporta el programa completo, apareciendo como realizador del mismo.

Base de datos
Data base
Fichero de datos informatizado cuya peculiaridad estriba en reunir en un solo fichero todos los que tienen similares características, de modo que el acceso a un producto, tanto de lectura como de grabación, se pueda realizar por medio de varias claves. La importancia de la base de datos para el marketing estriba, fundamental-

mente, en la posibilidad que con ella se tiene de «segmentar el mercado» *(véase)* dado el conocimiento que se tiene de los datos más relevantes del consumidor potencial.

Below the line
Below the line
Literalmente, «por debajo de la línea». Expresión inglesa ampliamente difundida de los datos más relevantes del consumidor potencial. El ámbito profesional del marketing para designar todas las acciones de promoción comercial que realiza la empresa y que no corresponden a la publicidad. El *below the line* es un capítulo cada día más importante en los planteamientos de marketing, hasta tal punto que se estima que en los países con mercados muy competitivos viene a suponer un porcentaje del 60-70 por 100 del total de los gastos dedicados a promoción comercial.

Bienes complementarios
Complementary goods
Artículos que satisfacen conjuntamente una misma necesidad. El azúcar y el café en la mayoría de los casos, una hoja de afeitar y su maquinilla siempre y, en el límite, el zapato del pie derecho y el del pie izquierdo, son ejemplos claros de bienes que se complementan para satisfacer una misma necesidad. Como consecuencia de la complementariedad, las variaciones en la demanda de un bien suelen originar otras del mismo sentido en la de su complementaria: si desciende la demanda de café, también descenderá la demanda del azúcar que se destina a mezclar con el café,

algo que ha de tener en cuenta el marketing que actúa sobre la demanda de cada uno de ellos.

Bienes de consumo
Consumer goods
Artículos destinados a satisfacer, de forma más o menos inmediata, las necesidades del consumidor. Su característica principal es que son *perecederos*, es decir, desaparecen en el mismo momento de su utilización: los artículos alimenticios son ejemplos claros de bienes de consumo. Este tipo de bienes responden a una *demanda regular* que hace que las acciones de marketing referidas a ellos sean continuas en el tiempo, sobre todo las relativas a distribución y venta.

Bienes de equipo
Capital goods
Aquellos bienes destinados a producir otros bienes y que constituyen las instalaciones básicas de una empresa. Se denominan también *bienes de inversión* y representan una parte importante del capital de la empresa. En general, se trata de aparatos o máquinas convenientemente acoplados para desarrollar conjuntamente las actividades de la empresa y suelen requerir grandes inversiones. Los altos hornos, las máquinas fresadoras, los camiones, etc., son ejemplos de bienes de equipo en los que el marketing desarrolla una peculiar actividad, sobre todo en su compraventa, ya que se precisa una alta especialización para llevarla a cabo.

Bienes de lujo
Sumptuary goods
Artículos en los cuales un aumento de la renta del con-

sumidor provoca un aumento más que proporcional en su demanda. La razón de este comportamiento estriba en que el consumo de los artículos de lujo se encuentra mediatizado por factores más sociales y psicológicos que los puramente económicos. Ejemplo de bienes de lujo son las obras de arte y, en general, aquellos ofrecidos por una marca altamente diferenciada socialmente y a precios muy superiores a la media de sus equivalentes.

Bienes de uso
Durable consumer goods
Artículos que permiten satisfacer una necesidad del consumidor de modo repetitivo y a lo largo de un tiempo más o menos dilatado. Su característica principal es que son *duraderos*, es decir, cumplen su función de manera regular y continuada hasta que se deterioran o se cambian por otro similar. Los electrodomésticos o los automóviles son ejemplos claros de bienes de uso. Este tipo de bienes responden a una *demanda irregular*, dado que su necesidad de adquisición es variable y, por lo tanto, las acciones de marketing centradas en ellos suelen ser llevadas a cabo de forma estable en el tiempo, sobre todo en la fijación de precios y en la promoción.

Bienes inferiores
Inferior goods
Artículos cuya demanda disminuye cuando la capacidad económica real del consumidor aumenta: los artículos de primera necesidad y calidad baja son el tipo de bienes inferiores más común. La calificación de un bien como «inferior» lo es siempre en relación a otro: el vino a granel es inferior si se compara con el vino embotellado de reserva. Para el marketing, los bienes inferiores plantean el problema del descenso en su demanda conforme la población aumenta su nivel de vida y, viceversa, el aumento de la misma en períodos de recesión económica.

Bienes sustitutivos
Substitutive goods
Artículos que satisfacen de *manera excluyente* una misma necesidad. El café y el té, una hoja de afeitar y una navaja de barbero y, en el límite, dos zapatos del mismo pie, son ejemplos sencillos de bienes que se excluyen entre sí para satisfacer una misma necesidad. Como consecuencia de la sustitución, las variaciones en la demanda de un bien suelen originar otras de sentido contrario en la de su sustituto: si desciende la demanda del café, aumentará la del té o la de cualquier otra bebida que cumpla el mismo fin que la que se sustituye, algo que ha de tener en cuenta el marketing que actúa sobre la demanda de cada uno de ellos.

Brainstorming
Brainstorming
Término inglés de general aceptación en el mundo profesional que viene a significar «tormenta de ideas» y que se utiliza para designar una de las técnicas estimuladoras de la creatividad que más se utilizan en el ámbito de actuación del marketing, sobre todo en la generación de ideas publicitarias o en la creación de nuevos productos. La técnica del *brainstor-*

ming consiste básicamente en una dinámica de grupos, ya que con ella se pretende que un conjunto de personas encuentren solución a un problema en función de las ideas aportadas espontáneamente por cada una de ellas, siguiendo unas reglas muy precisas que permiten superar las inhibiciones personales y participar activamente en la tarea del grupo.

Briefing
Briefing

Término inglés compuesto del verbo *to brief* (informar) y del radical *ing*, que expresa acción. Información, generalmente escrita, que una empresa transmite a los expertos en marketing para llevar a cabo, de la mejor forma posible, las acciones comerciales previstas. El *briefing* es de gran utilidad, dado su carácter de guía sistemática en la que se encuentran las informaciones sobre las que ha de apoyarse.

Generalmente, el *briefing* se utiliza en publicidad para transmitir información a los técnicos publicitarios sobre la que apoyar su labor de creación y difusión de mensajes, pero también se utiliza para marcar las directrices de la *investigación de mercados* que la empresa encarga a institutos especializados.

Broker
Broker

Término inglés de general utilización en marketing que define a un tipo de «mayorista» *(véase)* cuya función básica es la de vender a los «minoristas» *(véase)* por cuenta del fabricante, esto es, poner en contacto al vendedor (fabricante) y al comprador (minorista) aunque ni uno ni otro lleguen a conocerse. El *broker* recibe por su tarea una remuneración en forma de comisión fijada en un porcentaje sobre el precio de venta. Este tipo de *intermediario de marketing* actúa en los mercados de «bienes industriales» *(véase)*, en operaciones de negocio internacional y en los mercados financieros.

Bumerán
Boomerang

Término utilizado para expresar una acción que provoca un efecto opuesto al previsto. El caso más frecuente del efecto bumerán se da en el campo de la promoción comercial, sobre todo en publicidad, ya que, ante determinados mensajes, el receptor puede desarrollar una acción contraria a la deseada, debido al rechazo de las argumentaciones en ellos contenidas o a la forma de presentar los mensajes, en ambos casos contrarios a las normas sociales o culturales aceptables por la comunidad donde se difunden (pornografía, mal gusto, etc.). Suele, incluso, llegar a manifestarse denunciando ante la Administración a la empresa que difunde este tipo de mensajes.

Buzoneo
Mail drop

Acción de promoción en marketing consistente en depositar cartas, folletos, catálogos e incluso muestras de los productos en los buzones de correspondencia instalados en los inmuebles urbanos. Es un medio de promoción muy utilizado por los establecimientos «minoristas» *(véase)* y las pequeñas empresas que se dirigen a sus clientes potenciales cercanos geográficamente para anunciarles ofertas especiales o para informarles de los servicios que pueden prestarles. La proliferación de este sistema ha hecho que tenga muy mala recepción por parte del público al que se dirige y, por ello, suele denominarse despectivamente en la terminología de marketing como *correo basura*.

C

Cámara ocular
Eye-camera
Aparato utilizado en la investigación de marketing para medir el interés de una persona hacia un anuncio, en toda su dimensión o referido a partes concretas del mismo. El aparato permite seguir el recorrido de la vista del sujeto a través de la dilatación de la pupila de su ojo al fijarse o no en la superficie del anuncio. De esta manera, se puede determinar qué parte del anuncio es la que llama más la atención a una persona.

Campaña de publicidad
Advertising campaign
Conjunto de esfuerzos publicitarios, con uno o varios mensajes, que están orientados a cubrir un objetivo promocional de marketing utilizando para su difusión una selección de medios y soportes de comunicación durante un período de tiempo determinado. Una campaña de publicidad es la resultante de un proceso que, generalmente, se divide en tres grandes fases: la *fase de preparación* o de planteamiento de la campaña, la *fase operativa* o de elaboración propiamente dicha y la *fase ejecutiva* o de trabajos necesarios para difundir la campaña y verificar sus resultados.

Campaña piloto
Test campaing
Campaña de publicidad realizada con carácter experimental en una zona geográfica determinada antes de proceder a su difusión a gran escala. Tiene como fin último comprobar la eficacia de los mensajes elaborados, tanto a nivel de percepción, de comprensión y recordación por parte del público como a nivel de sus comportamientos de compra, medidos éstos por una comparación de las ventas del producto anunciado antes y después de realizada la campaña piloto.

Canal de distribución
Distribution channel
Ruta o camino que recorre el producto desde el fabricante a su comprador final. Incluye, al menos, un punto de salida (el productor de la mercancía) y otro de llegada (el comprador final). Pero, con frecuencia, a lo largo de él surgen más elementos o «intermediarios» *(véase)* entre el principio y el final de los caminos comerciales. Se denomina, entonces, *canal corto*, cuando sólo existe un intermediario entre el fabricante y el consumidor, y *canal largo*, cuando hay dos o más intermediarios entre el fabricante y el consumidor. El canal de *nivel cero* es aquel en que no existen intermediarios: el fabricante vende directamente al consumidor.

Canal publicitario
Advertising channel
Cualquier procedimiento, natural o artificial, que utiliza la publicidad para transmitir sus mensajes. Es un canal publicitario la voz humana, y también el teléfono, o un modelo publicitario, y la radio. No obstante, dado el carácter masivo de los receptores de

la publicidad, los canales publicitarios son *instrumentos técnicos*, esto es, elementos materiales que permiten amplificar el contenido de los mensajes gracias al valor añadido que proporciona la tecnología (efectos audiovisuales, recursos estéticos de la fotografía, etc.) y, sobre todo, hacerlos llegar simultáneamente a un amplio colectivo de personas.

Canibalismo
Cannabalization
Realización de publicidad a costa de otra de similares características. Esta actuación se produce cuando el mensaje es muy parecido al de una marca muy conocida y el receptor tiene la impresión de que ha percibido la publicidad de la marca principal. Es una *práctica desleal* que, incluso, puede llegar a ser denunciada por el «anunciante» *(véase)* de la marca importante.

Cartel
Poster
Pieza publicitaria fabricada en papel, cartón, tela o cualquier otro material, de tamaño superior a 80 × 20 cm, y que contiene un mensaje, generalmente apoyado de una fuerte ilustración. Se fija temporalmente en *sitios públicos* de gran concentración de personas y a una distancia del suelo suficiente como para ser percibido y leído con facilidad. Algunos carteles, por la ilustración y composición de los mensajes, son verdaderas obras de arte, objeto de coleccionismo.

Cash and carry
Cash and carry
Término inglés, de general aceptación en el ámbito del marketing, que literalmente significa «pague y lleve». Se trata de un autoservicio para minoristas que se benefician de los precios bajos de los productos ofrecidos a cambio de acarrearlos y llevarlos *(carry)* por sus propios medios tras haberlos pagado al contado *(cash)*. Situados en la periferia de los núcleos urbanos, están especializados en una determinada rama de actividad (alimentación, textiles, juguetería, etc.). El cliente típico de estos autoservicios mayoristas son los pequeños minoristas y los establecimientos institucionales (bares, restaurantes, hoteles, etc.) que compran pequeños lotes de mercancías sin tener que dedicar una gran superficie al almacenamiento.

Catálogo
Catalogue
Soporte promocional similar a una revista ilustrada que contiene una descripción de productos y sus precios. El catálogo es muy utilizado en la venta por correo y como material de ayuda a las acciones promocionales de la empresa, singularmente la venta personal. Las limitaciones impuestas por el espacio disponible en el conjunto del catálogo exige que la redacción de su texto se realice mediante frases breves y que la ilustración sea lo más realista posible, siendo la más adecuada las fotografías de los productos ofrecidos.

CDU (Clasificación Decimal Universal)
UDC
Sistema generalmente admitido de clasificación de documentos de todo tipo y que

tiene como principio la ordenación de los números decimales a partir de 0,... («cero, coma»), lo cual ofrece la posibilidad de que un número determinado pueda ser subdividido por sucesiva agregación de cifras sin que el número de partida se iguale con el inmediato superior. En la actualidad, el CDU de uso internacional tiene 160.000 entradas (conceptos clasificatorios), donde prácticamente está contenido todo el saber humano documentado. El CDU contiene aspectos importantes de la información documentada sobre marketing.

Central de compra de medios
Media buying services
Organización empresarial cuyo objeto es la compra de grandes cantidades de espacios y tiempos publicitarios en los medios de comunicación para luego revenderlos a los «anunciantes» *(véase)* o a las «agencias de publicidad» *(véase)*. Las centrales de compra de medios actúan como *mayoristas* de espacios publicitarios, con lo que pueden obtener importantes rebajas en los precios de los espacios publicitarios de los medios y trasladarlas, en todo o en parte, a sus clientes.

Centro comercial
Mall
Complejo de tiendas especializadas, generalmente con un gran almacén y un supermercado como focos de atracción especial. Puede ser de grandes dimensiones, en cuyo caso cuenta, además, con zonas expresas de ocio (cines, restaurantes, cafeterías...),

aparcamiento, guardería, oficinas bancarias, etc., todo ello en un ambiente confortable para dar idea de servicio al comprador potencial.

Cliente activo
Active customer
En «marketing directo» *(véase)*, persona que ha realizado compras del producto anunciado recientemente a la cual se le dirigen mensajes apelando a su conocimiento y experiencia respecto a él. El listado de los clientes activos se obtiene, de manera fundamental, a través de la compra por correo y mediante la respuesta a un incentivo incorporado al producto que exige la devolución al anunciante de parte de él (el envase, una etiqueta, etc.).

Cliente misterioso
Mistery shopper
Comprador ficticio al servicio del fabricante que visita los establecimientos donde se venden sus productos con el fin de observar el trato recibido, la exposición correcta de los artículos en las estanterías, las existencias de los mismos, la colocación adecuada del material de publicidad en el «punto de venta» *(véase)* y otros datos que permitan controlar la calidad en la venta de los productos. El inconveniente del cliente misterioso es la excesiva objetividad de la persona que actúa como tal, muy alejada de la subjetividad del comprador real, lo cual hace que la información que proporciona tenga un sesgo que es preciso eliminar.

Cobertura
Coverage
En publicidad, el término cobertura se utiliza para indi-

car la proporción de personas expuestas al menos *una vez a un anuncio* en *un soporte* determinado, que es el que define la cobertura del anuncio. Un soporte, pues, «cubre» un segmento de mercado dado cuando, utilizándolo con la intensidad adecuada, difunde un mensaje publicitario con la suficiente amplitud (ámbito geográfico) y profundidad (público objetivo).

Codificación
Coding
Operación por la que el emisor de la publicidad, a partir de la idea central que elige para el anuncio, lo elabora efectivamente, tomando palabras e imágenes de un repertorio y ordenándolas según ciertas reglas (gramaticales, expresivas, estéticas, de percepción, etc.) para formar con ellas una secuencia, sea *en el tiempo* (publicidad fílmica, radiofónica, impresa) o *en el espacio* (formas, tamaños, etc.).

Colgante
Hanger
Pieza fundamental en el *merchandising (véase)* que consiste en un tipo especial de cartel impreso por las dos caras que se cuelga del techo de los establecimientos comerciales para que se mueva con el aire. Puede estar silueteado con formas atractivas (banderas, círculos, triángulos, etc.) e ilustrado con caracteres tipográficos especiales sobre fondos de colores con el fin de llamar mejor la atención del comprador en el establecimiento.

Collarín
Label-collar
Pieza de promoción en marketing consistente en un pequeño impreso con un orificio apto para ser introducido por el cuello de una botella, aunque también el orificio puede ser sustituido por un cordón para atarlo al mismo sitio. Se utiliza fundamentalmente para indicar ofertas ocasionales de carácter promocional y, en algunas ocasiones, como instrumento de prestigio (un premio obtenido por la marca, un aniversario significativo de la empresa, etc.). Admite formas muy variadas (rectángulos, estrellas, círculos, etc.) y diseños atrayentes.

Competencia imperfecta
Imperfect competition
Situación habitual del mercado en el que concurren muchas empresas con productos que permiten satisfacer la misma necesidad pero que son diferentes en cuanto a las preferencias de los compradores de cada uno de ellos. Cada empresa tratará, por lo tanto, de diferenciar su producto de alguna manera para identificar y singularizar su oferta. El marketing es una de las formas más eficaces de diferenciar los productos en los mercados de competencia imperfecta, que también reciben el nombre de «competencia monopolística».

Comportamiento
Behavior
En marketing, todas las actividades que realiza el consumidor relacionadas con la compra de bienes y servicios, así como las razones de su elección ante varias marcas que ofrecen productos similares. La esencia de la estrategia de marketing es, en términos finales, hacer va-

riar el comportamiento de compra del público a quien se dirige hacia el producto promocionado con relación a los otros productos competidores.

Compra por impulso
Impulse purchase
Decisión de compra de un producto sin que exista previamente la voluntad de buscarlo para comprarlo. El comprador se decide por el aspecto del producto o por la oferta promocional que lo rodea en el lugar de venta. Las compras impulsivas son la base de la publicidad en el punto de venta, cuya misión es empujar el producto hacia el consumidor creándole una tensión emocional que le induce a comprar sin deliberación previa.

Comprobante
Tearsheet
En publicidad, recorte de la hoja de una publicación en el que aparece el anuncio impreso y que se utiliza como justificante de su inserción a efectos de control y cobro del anuncio. También son comprobantes las fotografías de las «vallas» *(véase)* de publicidad exterior, de la cinta magnetofónica del programa donde se difundió la «cuña» *(véase)* radiofónica, el vídeo o la secuencia fotográfica del «spot» *(véase)* televisivo y un ejemplar del «folleto» *(véase)* impreso.

Comunicación
Communication
Capacidad que tiene un organismo o un individuo para relacionarse con otros organismos o individuos a través de intercambio de información relevante para todos los

que intervienen en el intercambio. La venta puede ser considerada como una forma de comunicación del vendedor con el comprador. Por otro lado, en algunos ámbitos profesionales y científicos se habla de «comunicación publicitaria» *(véase)* para definir a la publicidad.

Comunicación comercial
Marketing communication
Capacidad que tiene la empresa para relacionarse con el mercado a través del intercambio de información pertinente para ambos. La empresa transmite información al mercado respecto a sus productos, precios, calidades, ventajas diferenciales, incentivos a la compra y demás elementos configuradores de su «imagen corporativa» *(véase)*. Y el mercado transmite a la empresa información sobre los gustos, preferencias, actitudes y motivos del consumidor, sobre la actividad e importancia de la competencia y sobre las variables de marketing influyentes (coste de la vida, coyuntura económica, etc.). Mediante el proceso de *feedback (véase)* se obtienen nuevas informaciones que posibilitan ajustar la comunicación comercial.

Comunicación publicitaria
Advertising communication
Caso especial de la comunicación de masas en la que un emisor conocido dirige un mensaje comercial a un público vasto, heterogéneo y geográficamente disperso con el fin de cambiar sus comportamientos de compra hacia el producto anunciado o sus percepciones de la marca

hacia «actitudes» *(véase)* positivas. La caracterización de la publicidad como una forma de comunicación tropieza con el inconveniente de que la relación entre emisor y receptor no es directa y, por consiguiente, hay que acudir a procedimientos de investigación o de recogida de datos para comprobar sus efectos, que, además, siempre resultan retrasados en el tiempo respecto al acto comunicativo.

Concesionario
Dealer
Distribuidor en régimen de exclusiva, semiexclusiva o en condiciones especiales, de una marca determinada durante un tiempo también determinado. La concesión se materializa mediante un contrato específico. En marketing, es una modalidad de la «franquicia» *(véase)*. En ocasiones, el concesionario colabora con el fabricante en los gastos de promoción e, incluso, hace su propia publicidad. Es una forma de distribución muy extendida en el ramo del automóvil y en el de bebidas refrescantes, donde recibe el nombre de «embotellador».

Constelacion de atributos
Attributes constellation
Término utilizado en marketing que hace referencia a las diversas imágenes que suscita la idea central sobre la que gira la oferta del producto. Estas imágenes o atributos se concentran, en un sencillo gráfico, en torno a la idea central, tanto más próximos a ella cuanto más intensa sea la asociación con ello. La técnica utilizada para construir una constelación de atributos consiste en realizar entre un conjunto de individuos un *test de palabras* asociadas a la idea central y anotar la frecuencia de aparición de los atributos: los más nombrados serán los representativos de la idea central; los menos nombrados serán los menos representativos y, por lo tanto, los más alejados de la idea central.

Consumidor final
End-consumer
Persona que realmente consume o usa un producto o marca y que puede ser distinta del comprador e influir en su decisión. La estrategia de marketing, en muchas ocasiones, se centra en el consumidor final (por ejemplo, en la publicidad de juguetes se apela al niño) con el objetivo de impulsar al comprador (los padres, por ejemplo) a adquirir el producto anunciado.

Correlación
Correlation
Característica de la relación entre dos magnitudes o fenómenos que intervienen en la estrategia de marketing. Expresa el hecho de que cuando un fenómeno se produce (por ejemplo, una acción publicitaria) va acompañado de una variación predecible en otro (por ejemplo, las ventas del producto anunciado o la notoriedad de la marca en el mercado).

Coste de venta
Selling cost
Total de gastos necesarios para vender el producto en el mercado o, más general, conjunto de gastos relativos a los esfuerzos de marketing de la empresa y que son di-

ferentes de los gastos relativos a la fabricación del producto, que reciben la denominación de «coste de producción». En ocasiones, la distinción entre el coste de ventas y el coste de producción no resulta fácil de conseguir, pero la solución a ello pasa siempre por consideraciones contables y nunca por aspectos conceptuales: por ejemplo, el envase puede ser considerado como un coste de producción inherente al producto (cigarrillos, sopas instantáneas, etc.) o como un coste de ventas que colabora en la promoción del producto (perfumes, golosinas, etc.).

Coste psicológico
Psychological cost
Esfuerzo no material que realiza el receptor de un mensaje comercial para descifrar su contenido. La noción de coste psicológico fundamenta toda la estrategia creativa de la publicidad, en tanto que ésta ha de intentar hacer mínimo el esfuerzo del receptor de los mensajes para captar el mensaje. En ello encuentra explicación el fracaso de muchos anuncios excesivamente originales que resultan difíciles de comprender por los potenciales receptores.

Creatividad
Creativity
Capacidad del individuo para producir ideas originales. En marketing se refiere sobre todo al ámbito de la publicidad, aunque nada impide considerarla en cualquier ámbito de su actuación. Dado que la elaboración de un mensaje publicitario es, ante todo, un proceso de creación mediante el cual se «codifica»

(*véase*) la información a transmitir para que sea captada favorablemente, la creatividad es esencial en ese proceso, pues sólo con un nivel de originalidad (o de imaginación, de inventiva, de ingenio, etc.) se puede lograr la atención de la «audiencia» (*véase*) y despertar su interés en competencia con otros mensajes publicitarios de productos similares.

Creatividad publicitaria
Advertising creativity
Proceso a través del cual son creados los «anuncios» (*véase*) de tal forma que cumplan adecuadamente los objetivos que se les han asignado. Siendo la creatividad una aptitud del individuo para producir ideas originales, la creatividad publicitaria se relaciona, principalmente, con la tarea referida a la elaboración de mensajes comerciales y a su presentación, teniendo en cuenta el público a quien va dirigido y los intereses del «anunciante» (*véase*).

Cuestionario
Questionnaire
En «investigación de mercados» (*véase*), documento para la recogida de preguntas y respuestas relevantes con el objetivo perseguido en una «encuesta» (*véase*). Los elementos del cuestionario son, generalmente, cinco: el texto de petición de información a la persona entrevistada, las instrucciones para su correcta cumplimentación, las preguntas para obtener la información buscada, las preguntas para obtener datos de clasificación de las personas encuestadas (sexo, edad, profesión, etc.) y las anotaciones

para la recopilación de la información obtenida (recuadros, números, etc.).

Cuña
Commercial

Término profesional del marketing utilizado generalmente para denominar los anuncios emitidos por la radio que tienen una corta duración, normalmente de quince a treinta segundos. La cuña recibe también el nombre de *jingle*, término inglés de general aceptación que designa, o bien una canción breve, o bien una forma musical sin texto principal, pero siempre cerrándola con la marca del producto anunciado. Lo más habitual es la existencia de *jingles* compuestos de texto y música, con lo que se convierten en una especie de «eslogan» *(véase)* sonoro.

Cuota de mercado
Market share

Porcentaje de ventas de un producto sobre el total de las ventas del conjunto de productos similares que se realizan en un mercado. La acción de marketing puede tener dos objetivos respecto a la cuota de mercado: conseguir una mayor cuota de mercado para el producto o la marca ofrecida, o mantener la cuota de mercado que tiene el producto o la marca. Lo primero implica una *acción agresiva*, de conquis-ta de mercado, arrebatando parte de la cuota de mercado a los competidores; lo segundo se traduce en una acción de *carácter defensivo*, para impedir a los competidores acceder a la cuota de mercado conseguida.

Cupón de rebaja
Trading stamp

Instrumento de «marketing directo» *(véase)* consistente en estampillas que se incluyen en un folleto, se incorporan al producto, se insertan en su envase o se entregan en el establecimiento comercial «minorista» *(véase)* y que, mediante su acumulación, se consigue con ellos rebajas en los precios de los artículos promocionados o su cambio por un regalo. Su valor como instrumento de promoción comercial reside en la vinculación del coleccionista de cupones con la marca del producto promocionado.

Curva de respuesta
Response function

Representación gráfica de la función matemática que establece la relación entre la presión publicitaria recibida por el consumidor y la eficacia conseguida con esa presión. Esa eficacia se analiza desde el punto de vista de las ventas conseguidas y, más habitualmente, tomando en consideración la recepción, comprensión y recordación del mensaje publicitario.

D

DAFO
SWOT analysis
Sigla perteneciente a la parte de la formulación de la estrategia de marketing que, también, se denomina «inventario de amenazas y oportunidades y de puntos fuertes y débiles». De ahí la sigla D (debilidad), A (amenaza), F (fortaleza) y O (oportunidad). Se consideran *amenazas* todas las fuerzas procedentes del entorno, la competencia o el mercado que pueden presentar dificultades para la empresa. Las *oportunidades*, en cambio, suponen ocasiones que la empresa debe aprovechar. Las *fortalezas* son las capacidades de la empresa y su posición relativa en el mercado. Finalmente, las *debilidades* representan las limitaciones de la empresa, tanto en sí misma como en su posición en el mercado.

Datos externos
External data
Información relevante para establecer la estrategia de marketing que se encuentra *fuera de la empresa* que elabora el producto y que es preciso obtener utilizando técnicas y personal especializado. La información obtenida puede ser exclusiva y concreta para una estrategia dada obtenida por la empresa del propio mercado o de carácter general realizada por otras empresas o entidades de quienes la empresa la toma.

Datos internos
Internal data
Información útil para establecer la estrategia de marketing que se encuentra en la propia empresa que elabora el producto a ofertar. Puede ser generada regularmente en los distintos departamentos de la empresa o disponible en la empresa sin haber sido generada por ella. Generalmente, los consultores de marketing solicitan a la empresa los datos internos que consideran necesarios para su trabajo.

Datos primarios
Primary data
Información no disponible, válida para establecer la estrategia de marketing de un producto y que, al no estar recopilada o publicada, hay que obtener con ayuda de personal y de técnicas especiales. Los datos primarios pueden extraerse de la propia empresa (información interna) o, caso más frecuente, obtenerse del entorno utilizando las diversas técnicas de la «investigación comercial» *(véase)*. Aunque la obtención de los datos primarios suele ser costosa, son los que proporcionan la información más interesante para establecer la estrategia de marketing.

Datos secundarios
Secondary data
Todo tipo de información disponible y válida para elaborar una estrategia de marketing y que se encuentra recogida o recopilada tanto en la empresa como en otras en-

tidades. En el primer caso se trata de información en poder de la empresa que no ha sido generada por ella (estudios de mercado encargados en ocasiones anteriores con alguna otra finalidad, por ejemplo). En el segundo caso son informaciones a las que se puede acceder porque son generadas de manera más o menos regular por la entidad externa (por ejemplo, series estadísticas que suelen elaborar y publicar entidades públicas y privadas).

Demanda elástica
Elastic demand
Tendencia de la demanda de un producto a cambiar ante una pequeña alteración del precio. Los productos con demanda elástica son muy influidos por el marketing, ya que se trata de artículos que satisfacen las llamadas «necesidades relativas» *(véase)* del individuo, las cuales son fácilmente estimuladas por las acciones de marketing.

Demanda inelástica
Inelastic demand
Tendencia de la demanda de un producto a permanecer estable pese a los pequeños cambios en el precio. Los productos con demanda inelástica apenas si son influenciados por el marketing, toda vez que se trata de artículos que satisfacen las llamadas «necesidades absolutas» *(véase)* o fundamentales del individuo y, por ello, son adquiridos en cantidades más o menos fijas.

Demanda primaria
Primary demand
Demanda del mercado de una categoría general de productos sin especificar las marcas de cada uno de ellos, en su caso. El marketing que se dirige a la demanda primaria suele realizarse por los fabricantes de los productos que la componen con el fin de estimular las compras a toda la industria. Generalmente la organiza algún tipo de asociación de productores y se financia prorrateando los gastos entre los socios. En el caso de que la acción de marketing sea de tipo publicitario, suele denominarse *publicidad genérica.*

Demanda selectiva
Selective demand
Demanda del mercado para la marca de un producto determinado en relación con las marcas de los productos competidores de ella. El marketing que se dirige hacia la demanda selectiva intenta hacer variar el comportamiento de compra de los clientes potenciales para que adquieran la marca promocionada, destacando para ello sus ventajas (reales o ideales) respecto a las marcas que compiten con ella. Se denomina, también, *demanda específica.*

Descodificar
Decode
Restablecer bajo su forma original lo que ha sido codificado. En publicidad hace referencia a la captación del mensaje por parte del receptor, quien descodifica (interpreta) adecuadamente o no su contenido. Para ello es preciso que la «codificación» *(véase)* del mensaje no sea excesivamente complicada a los efectos de no presentar dificultades para su descodificación.

Desviación típica
Standard deviation
Medida estadística de la desviación de una serie de datos con respecto a su media aritmética. Se utiliza para obtener el grado de representatividad de una «muestra estadística» *(véase)*, dado que la muestra puede concebirse como el valor medio más universal y éste no es otro que la media aritmética; su poder representativo será, pues, mayor o menor según que el número de elementos que forman la muestra estén más o menos concentrados o dispersos con respecto al promedio, hecho que mide la desviación típica.

Diferenciación de productos
Product differentation
Estrategia de marketing mediante la cual se introducen determinados valores diferenciales en los productos que les permite distinguirse de los similares de la competencia. Estos valores diferenciales son los que, a la larga, crean la «imagen de marca» *(véase)* del producto que el consumidor percibe vía sus experiencias y sus percepciones, estas últimas fundamentalmente recibidas a través de la publicidad.

Difusión
Readership
En promoción comercial, el término «difusión» admite dos acepciones. Desde el ámbito de la «comunicación» *(véase)* es la transmisión de los mensajes comerciales destinados a promocionar un producto o una marca. Desde el ámbito de los «soportes de la comunicación» *(véase)* es un concepto técnico dentro del campo de la prensa escrita y expresa el número de ejemplares vendidos por un periódico determinado. Dentro de esta última acepción, en la difusión es importante considerar dos conceptos fundamentales. El primero es la *tirada* o totalidad de ejemplares del mismo número de la publicación salidos de la máquina impresora. El segundo es el de *circulación*, que equivale al número de ejemplares efectivamente vendidos y que son los que, en cada edición, llegan a los lectores.

Disonancia psicológica
Psychological dissonance
También llamada *disonancia cognoscitiva;* se refiere a la diferencia que existe entre la imagen de un producto que tiene el individuo antes de comprarlo y la que tiene de él una vez que lo ha adquirido. Es, por consiguiente, una duda posterior a la decisión, causada en parte por una información desfavorable acerca del producto después de haberlo comprado. El marketing actúa poderosamente para reducir la disonancia psicológica enfatizando en sus mensajes las ventajas de una buena elección, cumpliendo, así, una función gratificante en el consumidor.

Display
Display
Pieza de promoción comercial en la que se imprime, sobre pequeños soportes de cartón, plástico o material ligero, información acerca del producto o mensajes comerciales. Se coloca sobre mostradores, en escaparates, vitrinas, ventanas e, incluso,

en el suelo de los establecimientos «minoristas» *(véase)* con el fin de que sea percibido con facilidad por el consumidor. Es un instrumento fundamental de la llamada «publicidad en el punto de venta o PLV».

Distribución dual
Dual distribution

Política de distribución del fabricante que consiste en vender el mismo producto por canales diferentes utilizando una sola marca o bien, por canales iguales, un mismo producto utilizando dos marcas diferentes. Es un tipo de distribución muy utilizado en los productos de alimentación y perfumería, a los cuales el fabricante dota de un estatus distinto (tal vez retocando su presentación) y provee de una marca diferente para alcanzar «segmentos del mercado» *(véase)* determinados.

Distribución exclusiva
Exclusive distribution

Política de distribución que concede el fabricante a un solo vendedor «mayorista» *(véase)* o «minorista» *(véase)* la posibilidad de dar salida a sus productos en una zona geográfica determinada. El caso más frecuente es el de los «concesionarios» *(véase)* y el de las «franquicias» *(véase)*. Dado que el distribuidor se compromete a no vender productos de la competencia, en la práctica el fabricante lo que hace con la distribución exclusiva es convertir a los distribuidores en parte de su propia organización de ventas.

Distribución general
General distribution

Política de distribución del fabricante con la que pretende realizar la venta de sus productos a través del mayor número de establecimientos posible. Está especialmente indicada para los productos de gran consumo y compra frecuente, ya que el consumidor necesita encontrarlos fácilmente en aquellos lugares en los que suele realizar sus compras habitualmente.

Distribución selectiva
Selective distribution

Política de distribución de sus productos seguida por el fabricante que consiste en limitar el número de intermediarios al que le permite cumplir sus objetivos comerciales, seleccionando para ello aquellos «mayoristas» *(véase)* o «minoristas» *(véase)* que le pueden ofrecer mayores cifras de ventas. Este tipo de distribución está especialmente indicada para los productos de consumo que exigen una compra reflexiva (electrodomésticos, prendas de vestir de cierta calidad, etc.) y para casi todos los bienes industriales.

Documentación
Documentation

Estudio y establecimiento del proceso de transmisión de las «fuentes de información» *(véase)* acerca de una cuestión determinada. En el marketing, la documentación es fundamental para obtener datos sobre los que apoyar sus estrategias, sobre todo a través de las llamadas fuentes secundarias. La importancia de la documentación para el marketing se deriva, también, de la ingente cantidad de fuentes de información hoy disponibles y de la necesidad de un sistema que permita el fácil acceso a ellas, obteniendo, además, las verdaderamente interesantes o válidas.

Documento
Document

Cualquier objeto material que registre o fije algún conocimiento susceptible de emplearse para la consulta, el estudio o como elemento de prueba. Para el marketing, el documento es un instrumento de consulta (por ejemplo, el *briefing [véase]* del anunciante en publicidad), de estudio (por ejemplo, una investigación de mercado) y de comprobación (por ejemplo, el recorte del anuncio impreso en una publicación). Por consiguiente, el documento es, esencialmente, información; de ahí la impor-

tancia adquirida actualmente por la documentación.

Dumping
Dumping

Término inglés que se utiliza para designar la práctica de marketing de vender a diferentes precios en diferentes mercados, en uno a precio normal y en otro a precio inferior a su coste. Por ejemplo, hay empresas que venden artículos bajo una marca a precios altos, utilizando los canales de distribución convencionales, y los mismos artículos con marca distinta a precio inferior, utilizando la venta por correo. En otros casos, lo que se persigue con el *dumping* es eliminar competidores o dar salida a los excedentes de producción.

E

Efecto demostración
Demostration effect
Tendencia de los individuos a imitar el consumo de otras personas de renta o clase social superior a la suya mediante la adquisición de productos que demuestran esa superioridad, de forma real, psicológica o social. El efecto demostración es una de las explicaciones de la existencia de las llamadas «necesidades relativas» *(véase)*.

Efecto Giffen
Giffen effect
Situación excepcional en el comportamiento del consumidor por la que adquiere más productos conforme aumenta el precio de éstos. Formulado por el economista inglés A. Giffen a principios del presente siglo, sirve para explicar en marketing cómo adquiere el consumidor determinados bienes cuanto más caros sean (para demostrar su riqueza, su posición social, etc.), en aparente contradicción con la ley de la demanda que señala, de forma inequívoca, la relación inversa entre el precio y la cantidad demandada: a mayor precio menor demanda, y viceversa.

Efecto primacía
Law of primacy
Principio que indica que los argumentos colocados en primer lugar del conjunto de un mensaje tienen la ventaja de atraer la atención del receptor. En general, la acción de ventas sigue este principio para crear un clima favorable a la recepción del mensaje en los argumentos posteriores y, sobre todo, para transmitir información que haga surgir o evocar necesidades (efecto primacía), seguida de otra que sugiere, mediante el producto, la forma de satisfacerlas. Los titulares llamativos de los anuncios en prensa también utilizan el efecto primacía.

Efecto reciente
Second argumentative speech
Principio que señala que los argumentos colocados en último lugar del conjunto de un mensaje (los más recientes desde el punto de vista del receptor) son los más recordados. Con las reservas que algún sector de la investigación da a esta afirmación, parece existir, sin embargo, un acuerdo general de que, en términos globales, el final de una argumentación de ventas se recuerda más que su principio. En publicidad, el efecto reciente hace que el cierre de un anuncio y el «eslogan» *(véase)* se sitúen en último lugar.

Encuesta
Survey
Procedimiento de recogida de información basado en la formulación de preguntas a un conjunto de personas escogidas según criterios estadísticos de la teoría de probabilidades. Es el método más utilizado en marketing, tanto para obtener datos sobre el consumidor (actitudes, opiniones, hábitos, etc.) como para medir la eficacia de las acciones llevadas a cabo (notoriedad de la publicidad, pe-

netración del mercado conseguido, etc.)

Encuesta ómnibus
Omnibus survey
Encuesta organizada por una empresa especializada en «investigación de mercados» *(véase)* realizada para varios clientes, incorporando cada uno de ellos un número reducido de preguntas que les interesan especialmente. Permite un ahorro de costes considerable para la empresa que lo contrata al no tener que sufragar individualmente toda la investigación, y suele utilizarse habitualmente en marketing para medir aspectos concretos de sus acciones (recordación de publicidad, hábitos de consumo de productos, etc.)

Entrevista
Interview
Comunicación interpersonal utilizada en marketing, fundamentalmente para la recogida de información a través del método de «encuesta» *(véase)*, aunque es también el procedimiento básico de la venta personal. En la encuesta, la entrevista puede realizarse a una totalidad de individuos (entrevista demoscópica), a un grupo seleccionado (reunión de grupo) o a una sola persona (entrevista en profundidad).

Envase
Package
Recipiente o envoltorio para contener un producto. Cumple funciones de marketing cuando representa una forma de diferenciar el producto de los de la competencia o de hacerlo atrayente para dar a conocer la marca en el mercado. Desde el punto de vista publicitario, un buen envase permite al mensaje presentar de forma atractiva los productos que anuncia, fundamentalmente los que se compran de forma masiva, puesto que, en ocasiones, el envase tiene un valor comunicativo superior al del propio producto.

Escaparatismo
Window dressing
Conjunto de técnicas para lograr que una acción de marketing sea más clara y atractiva, utilizando como soporte el escaparate de una tienda. El escaparatismo estudia las características del producto que expone y las de su público, al que intenta llamar su atención y despertar su interés en una primera instancia a través de la ordenación de los elementos básicos del escaparate: decoración general, situación del producto, material publicitario y efectos luminosos. En segunda instancia, el escaparatismo tiene como objetivo impulsar al público a entrar a la tienda.

Eslogan
Slogan
Expresión, generalmente corta y de fácil recordación, que resume un mensaje publicitario. La función básica, pues, del eslogan es resumir toda la información que interesa transmitir acerca de un producto, provocando, además, que el receptor pueda memorizar esa información gracias a la economía de las palabras y, sobre todo, a la cuidadosa elección de las mismas. De ahí las cualidades que se recomiendan en el ambiente profesional para elaborar un eslogan: fácil de

recordar y comprender, muy breve, agradable al oído y, sobre todo, persuasivo.

Estatus
Status

Lugar que ocupa un individuo dentro del grupo social al que pertenece y que es valorado por parte de los demás miembros del grupo determinando una conducta esperada de él. La existencia de estatus en los grupos sociales influye en la estrategia de marketing puesto que, determinado el lugar influyente de un individuo, puede convertirlo en modelo de consumidor idóneo del producto con el fin de ser imitado por los demás.

Estilos de vida
Life styles

Distintos modos de vivir en la sociedad que permiten definir a grupos de personas según la forma en que realizan sus actividades, ponen en juego sus intereses y exteriorizan sus opiniones. Su utilización en marketing está indicada como forma de «segmentación» *(véase)* del mercado, ya que sirven para relacionar el producto y la manera de vivir que tiene o desea tener el público a quien se dirige la oferta de la empresa.

Estímulo
Stimulation

Todo aquello que es capaz de producir una excitación de los sentidos en el consumidor y de evocar una respuesta. Se trata, en definitiva, de la información de marketing que la empresa envía al «público objetivo» *(véase)* a fin de obtener una respuesta en términos de ventas, para lo cual es preciso que exista una determinada relación entre el estímulo utilizado y la respuesta esperada. Tal relación no es otra que el significado común del estímulo, esto es, la asociación del estímulo (signos, palabras, imágenes) con la idéntica representación del mismo en la mente de la empresa y del consumidor.

Estrategia de marketing
Marketing strategy

Aplicación práctica o desarrollo de procedimientos que conduzcan a conseguir los objetivos de marketing fijados por la empresa. Se suele realizar a corto y medio plazo, aunque existen estrategias de marketing a largo plazo. Es un procedimiento racional y reflexivo que, pese a sus virtudes, no suele estar formalizado mediante un documento específico o similar en la mayoría de las empresas, si bien en todas ellas existe algún tipo de estrategia de marketing.

Estrategia publicitaria
Advertising strategy

En sentido amplio, conjunto de acciones en el desarrollo de una «campaña de publicidad» *(véase)* utilizando los argumentos precisos en cada momento en relación con los medios empleados y el uso de éstos de acuerdo con los objetivos perseguidos por el «anunciante» *(véase)*. En sentido restringido, puede referirse a la estrategia en la creación del mensaje *(estrategia creativa)*, a la selección de los soportes de difusión *(estrategia de medios)*, a la definición del «público objetivo» *(véase)* a quien dirigir la publicidad *(estrategia de mercado)* e, incluso, solamente al contenido del anuncio *(estrategia del texto).*

Etiqueta
Label
Trozo de papel o cualquier otro material impreso adherido al «envase» *(véase)* de un producto que permite su identificación. En ocasiones, la etiqueta forma parte del envase ocupando un espacio identificado y visible. Desde el punto de vista del marketing, la etiqueta es un soporte de información de gran utilidad, tanto para el distribuidor (que, gracias al código de barras que lleva incorporado, le permite realizar mejor sus operaciones de cobro y almacenamiento) como para el consumidor (quien encuentra en ella la información que precisa para realizar mejor su elección). A veces la etiqueta se convierte en un instrumento de «promoción de ventas» *(véase),* utilizándose como requisito para que el consumidor participe en sorteos.

Experimentación
Experimental method
Método utilizado en la «investigación de mercados» *(véase)* en aquellos casos en que se desea comprobar el efecto resultante de una causa provocada intencionalmente: supresión brusca de una campaña de publicidad, repercusión sobre las ventas del producto promocionado, impacto del nuevo diseño de un envase, etc. Su aplicación, con todo, es muy limitada en el campo del marketing, dado que se actúa sobre el ser humano y, en éste, las reacciones son inestables, inestabilidad que rompe con la esencia de la experimentación, que no es otra que la constancia del efecto que provoca la misma causa.

Expositor
Rack
Artilugio que consiste en un embalaje especial formado por estanterías y ganchos que sirve tanto para almacenar un lote de productos como para su venta. Se coloca, según su tamaño, de pie en las tiendas o sobre los mostradores. Es una pieza del *merchandising (véase)* y, por lo tanto, suele estar diseñada de forma atractiva y llevar un rótulo para contener un mensaje breve que incite a la adquisición inmediata del producto que contiene.

F

Feed-back
Feed-back
Locución tomada de la ciber-nética y utilizada en marke-ting para designar la infor-mación de retorno a la co-municación comercial que in-dica a la empresa si sus mensajes han sido recibidos por sus destinatarios y cómo han sido recibidos. En la venta, la recepción del *feed-back* es inmediata y permite el ajuste instantáneo del vendedor ante las reacciones del comprador. En publici-dad, en cambio, el *feed-back* se obtiene tras un período de tiempo más largo, vía la com-probación de sus resultados a través de sondeos, cifras de venta, etc.

Fidelidad de marca
Brand loyalty
Lealtad hacia una marca por parte de los consumidores lo-grada mediante la repetición sostenida en la compra del producto o productos ofreci-dos por la empresa. La fide-lidad a la marca puede de-berse a razones objetivas, de-rivadas del producto, pero lo más habitual es que la em-presa la consiga mediante una continuada acción de marketing que permita re-cordar a su clientela las ven-tajas de seguir siendo com-prador de los productos que ampara su marca.

Filme publicitario
Movie advertising
Breve argumentación sobre el producto o la marca narra-da a través de imágenes en movimiento. Cuando se di-funde a través de la televi-sión se denomina *spot (véa-se)*, y cuando tiene lugar en las salas cinematográficas, *filmlet (véase)*.

Filmlet
Filmlet
Término inglés de general utilización en marketing pa-ra designar un «filme publi-citario» *(véase)* que suele pro-yectarse en las salas cine-matográficas durante los descansos. La realización de un *filmlet* es similar a la de los filmes comerciales, con la diferencia de su corta dura-ción (aproximadamente un minuto), lo cual obliga a con-densar el guión y a cuidar mucho el montaje. La exis-tencia de medios de comuni-cación alternativos y con ma-yor exposición al público (so-bre todo la televisión) han hecho caer en desuso esta pieza publicitaria.

Folleto
Brochure
Instrumento de la promoción en marketing, compuesto de varias páginas, generalmen-te impresas a color, que per-mite presentar el producto o el servicio con amplio deta-lle, tanto desde el punto de vista de la argumentación como de la ilustración. Cuan-do consta de dos hojas se de-nomina *díptico*, cuando son tres, *tríptico*, y cuando se trata de una hoja que se alarga y se dobla sobre sí misma, *desplegable*.

Franquicia
Franchise
Forma especial de coopera-ción comercial mediante la

cual una empresa titular de una marca, proveedora de productos o poseedora de técnicas originales *(franquiciador)* concede a otras *(franquiciadas)* la posibilidad de explotar su marca, distribuir sus productos o utilizar sus técnicas, asegurándoles, además, la asistencia técnica y los servicios necesarios para ello a cambio del pago de un determinado canon.

Frecuencia

Frequency

Forma de medir la eficacia de la publicidad basada en el número de personas expuestas a la misma y al número de veces que han percibido el mensaje cuya eficacia se trata de medir. También, el total de inserciones de uno o varios anuncios que se insertan en un mismo soporte durante un período de tiempo determinado.

Fuente de información

Information source

Lugar, persona o documento de donde puede obtenerse informaciones útiles sobre aspectos genéricos o específicos necesarios para establecer una «estrategia de marketing» *(véase)*. Pueden ser de carácter primario, en el caso de que se trate de información que obtiene la empresa por ella y para ella, o de carácter secundario, en el caso de que sea información elaborada por otras entidades y que obtiene la empresa cuando la necesita.

G

Galerada
Galley proof
Prueba de composición tipográfica o de grabados que se saca para ser corregida antes de ser ajustada en la forma de cuya página es parte integrante. La exigencia de las galeradas es fundamental, tanto para evitar errores en la composición de los textos publicitarios como para comprobar que se han seguido fielmente las instrucciones cursadas para la diagramación dada al original.

Galería comercial
Shoping center
Versión moderna de los mercados de barrio en los que la oferta básica está centrada en productos frescos de alimentación, ampliada con algunas tiendas especializadas, sobre todo en artículos para el hogar, y uno o dos establecimientos de restauración tipo bar o cafetería.

Gama de productos
Product range
Conjunto de productos que constituyen la oferta de la empresa. Las dimensiones básicas de la gama de productos son la anchura, la longitud y la profundidad. La anchura es el número de «líneas de producto» *(véase)* que existen dentro de la gama (por ejemplo, detergentes, dentífricos, champús, etc.). La longitud se refiere al número de productos dentro de cada línea (por ejemplo, dentro de la línea de champús, los que son para cabellos normales, secos y grasos). Y la profundidad es el número

de variantes con que se ofrece cada producto de la línea (por ejemplo, para la línea de champús para cabellos grasos, tamaños grande, mediano y pequeño).

Gatekeeper
Gatekeeper
Término inglés compuesto de los vocablos *gate* (puerta) y *keeper* (guardián) para designar a los individuos con poder de decisión en una determinada parte del proceso de comunicación social, de tal forma que tienen la posibilidad de decidir si la información llegará o no a sus destinatarios. En marketing, puede ser un jefe de compras que decide transmitir o no la información de los proveedores, un jefe de publicidad que determina difundir o no los mensajes elaborados, etc.

Geomarketing
Geomarketing
Forma de «segmentación» *(véase)* de los mercados basada en criterios geográficos de una zona determinada: tipo de vivienda, distancia a centros comerciales, hábitat, etc. La idea que inspira al *geomarketing* es la supuesta correlación entre los comportamientos de compra del consumidor y el lugar donde vive.

Gestión de pedidos
Fullfilment
En «marketing directo» *(véase),* cumplimiento de lo prometido en la oferta formulada al comprador mediante el procedimiento establecido (cupón-respuesta, pedido te-

lefónico, etc.). Abarca un complejo sistema de actividades: desde que se recibe la respuesta del cliente hasta el cobro, en su caso, del pedido, pasando por el almacenaje, el manipulado y el envío. Es fundamental en esta tarea la rapidez en la realización de los envíos.

Góndola
Gondola
Mueble compuesto por varias estanterías donde se colocan los productos de un autoservicio al alcance de la mano del comprador. La función de la góndola como contenedor de artículos se complementa con su función de marketing como incentivador de la compra debido a la situación de los artículos en los distintos niveles del mueble (máximo valor, el nivel de los ojos) o a lo largo del mismo (máximo valor, el centro del mueble).

Gran almacén
Departament store
Edificio de considerable tamaño (mínimo, 4.000 metros cuadrados) en el que se ofrece un surtido muy amplio de artículos presentados en diversas secciones o departamentos que funcionan con relativa autonomía. Ofrece, además, una gran variedad de servicios, tales como aparcamiento, tarjeta de crédito, reparto a domicilio, agencia de viajes, etc.

Grupo de presión
Pressure group
Conjunto de individuos que tratan de influir en las decisiones del poder político mediante la amenaza o la utilización de determinados medios, desde los perfectamente reglamentados (manifestaciones, campañas de prensa, carteles, etc.) hasta otros que no lo están (conversaciones privadas, almuerzos reservados, etc.) o son claramente ilegales (sobornos, chantajes, etc.). Los grupos de presión son un factor distorsionador del marketing, ya que impiden la competencia leal en el mercado.

Grupo de referencia
Reference group
Determinado «grupo social» *(véase)* al que los individuos de otros grupos se remiten, consciente o inconscientemente, o con los que aspiran a relacionarse y que consideran como modelo ideal de pertenencia. Una persona tiene, normalmente, distintos grupos de referencia para distintos productos de consumo, de lo cual se aprovecha el marketing para subrayar el grupo de personas que compra cada producto con el fin de que el resto de los grupos imiten sus comportamientos de compra.

Grupo social
Social group
Unidades sociales básicas, compuestas por un determinado número de individuos unidos por un sentido de identidad o de semejanza de intereses que les permite diferenciar a sus miembros de quienes no lo son. Para el marketing, los grupos sociales son, en muchas ocasiones, el centro de su actuación, debido a la existencia en ellos de comportamientos de compra similares.

H

Hábitat
Habitat
Aunque suele referirse a las condiciones del lugar geográfico donde viven los individuos, desde el punto de vista del marketing esta acepción latina (de *habitare,* habitar) tiene un sentido más amplio al incorporar también el aspecto social del lugar, fundamentalmente el cultural. De esta forma, la consideración del hábitat (rural, urbano, etc.) mediatiza el contenido de las acciones de marketing.

Hábito
Habit
Forma característica del comportamiento del consumidor que interesa conocer para elaborar la estrategia de marketing encaminada a crear la fidelidad a la marca por parte de un determinado «segmento del mercado» *(véase).* El hábito se adquiere por repetición de actos semejantes que pueden reproducirse, en general, de forma automatizada y por costumbre sin necesidad de reflexión. El marketing intenta, entonces, que el consumidor convierta en hábito la compra del producto ofrecido.

Hábitos de compra
Buying habit
Acciones repetitivas realizadas para adquirir bienes y servicios en el mercado utilizando siempre pautas idénticas. Puede referirse a la cantidad de producto adquirido, a las marcas elegidas, a los establecimientos visitados o a los criterios seguidos para la elección. Los hábitos de compra suelen ser difíciles de cambiar, ya que sustituyen la toma de decisiones reflexiva.

Halo
Halo
El efecto halo es la tendencia a asociar una característica diferencial muy fuerte de un producto con los demás que lo definen, de tal forma que el producto queda valorado desde una perspectiva única que impregna todas las demás. El efecto halo es el que fundamenta la «imagen de producto» *(véase)* y, por derivación, la «imagen de marca» *(véase).*

Hard discount
Hard discount
Término inglés que designa una forma de distribución «minorista» *(véase)* caracterizada por la oferta de productos a precios muy bajos. Trabajan a costes reducidos con «márgenes comerciales» *(véase)* pequeños y una oferta de artículos muy limitada (media, 1.000). Utilizan una gran cantidad de marcas propias.

Hard selling
Hard selling
Expresión inglésa de general aceptación que indica un procedimiento comercial agresivo («venta dura»), especialmente una presión fuerte del equipo de ventas y una publicidad con mensajes muy directos difundidos en una oleada corta en el tiempo pero intensa en el número de

veces que se difunden los anuncios.

Heurística
Heuristic

Rama de la Lógica cuyo propósito es el de investigar los métodos de descubrimiento e invención. En marketing, la heurística suele utilizarse para designar el conjunto de reglas prácticas que sirven para resolver problemas o para proponer hipótesis que ayuden a continuar los razonamientos hasta llegar a la mejor solución posible.

Hipérbole
Hyperbole

Recurso estilístico muy utilizado en publicidad que consiste en exagerar las expresiones que se refieren al producto o a la marca con el fin de resaltar de forma espectacular sus características. La hipérbole es, sin duda, una de las notas que definen a la publicidad, ya que la exageración es consustancial con ella, puesto que todo lo que dice en sus mensajes es óptimo para el consumidor.

Hipermercado
Hypermarket

Representante máximo de las llamadas grandes superficies comerciales, es una gigantesca tienda de libre servicio (mínimo, 2.500 metros cuadrados, y puede llegar a más de 30.000), dotada de un surtido de productos extremadamente grande. Tienen un horario de venta continuado y una política de «márgenes comerciales» *(véase)* muy estricta, lo que les permite ofrecer precios bajos y desarrollar acciones promocionales muy intensas.

I

Iconicidad
Iconocity
Grado de coincidencia entre la imagen utilizada en la promoción comercial (singularmente, en la publicidad) para representar un producto y el producto representado. La iconicidad es, pues, una medida de la abstracción: cuanto más abstracta es la imagen utilizada (es decir, cuanto menos se relaciona directamente con el producto que representa) menos icónica es (es decir, menos representa al producto). La iconicidad es fundamental en los «nuevos productos» *(véase)* y menos importante en los ya conocidos.

Identificación
Emulation
Mecanismo psicológico puesto en juego por una determinada forma del «mensaje publicitario» *(véase),* mediante el cual se pretende que los receptores se asemejen inconscientemente a alguien que aparece en el «anuncio» *(véase)* o a una situación en la que se desarrolla la acción, sintiéndose como si fuera ese alguien o participando en esa situación.

Ilustración
Illustration
Uno de los componentes básicos de un «anuncio» *(véase)* que representa la parte o aspecto gráfico del mismo. La ilustración de una idea creativa publicitaria ha de tener en cuenta un importante conjunto de factores, tales como el objetivo de la publicidad, los elementos diferenciales del producto, el «público objetivo» *(véase)* a quien va dirigido, el medio de difusión a utilizar, etc.

Imagen corporativa
Corporate image
Conocimiento y valoración que tienen de una empresa las personas interesadas y la sociedad en general y que constituyen la identidad pública de la institución. La característica fundamental de la imagen corporativa es su configuración mental en la memoria de la colectividad y no su configuración física, tal como sería, por ejemplo, la marca o las señas de identidad (símbolos, colores, etc.) con que se presenta la empresa ante la sociedad.

Imagen de marca
Brand image
Representación mental de un conjunto de ideas y creencias que el público tiene de la marca de un producto y que suele formarse mediante la suma total de las impresiones que el consumidor recibe de muchas fuentes de información, entre las cuales ocupa un lugar predominante la publicidad. Es la imagen de marca lo que permite diferenciar en los mercados muy competitivos a unos productos de otros.

Imagen de producto
Product image
Conjunto de significaciones de tipo psicológico y social que el consumidor percibe de los productos y que constituye un elemento discriminador o diferenciador de otros

productos competitivos. Mediante las acciones de marketing (sobre todo las publicitarias), la imagen de producto hace que éste deje de ser sólo un objeto físico y se convierta, también, en un objeto simbólico.

Impacto
Impression
Captación de un «mensaje publicitario» *(véase)* por parte de las personas a quienes teóricamente va dirigido. También se utiliza la expresión para designar la exposición a un «anuncio» *(véase)* de una persona o conjunto de ellas en un hogar a través de un soporte de comunicación determinado.

Impulso
Impulse
Tendencia a la acción irreflexiva y mal controlada por la voluntad, que se traduce en actos a veces incontenibles e, incluso, peligrosos (robos, violencias, etc.). En marketing, el impulso es uno de los determinantes que explican la «motivación» *(véase)* de compra del sujeto (sobre todo en la satisfacción de sus necesidades biológicas) y, especialmente, su comportamiento en la adquisición de ciertos artículos realizada de forma emocional y espontánea, que es lo que se denomina «compra por impulso» *(véase)*.

Incentivo
Premium
Aliciente que va unido a la oferta de marketing con el fin de impulsar al individuo a conseguirlo. Puede ser de tipo psicológico, como es el caso de proposiciones publicitarias con mensajes en los que no se apela a la adquisición del producto en sí mismo sino al placer de tenerlo. Y puede ser de orden material, como ofertas promocionales que ofrecen ventajas inmediatas (dos productos por el precio de uno, más cantidad de producto por el mismo precio, etc.).

Intermediario
Middleman
Individuo u organización que sirve de conexión entre el productor de la mercancía y el consumidor final. El número y complejidad de los intermediarios varía según el producto puesto a la venta y el mercado a donde se dirige, pero lo más habitual es la existencia de «mayoristas» *(véase)* y «minoristas» *(véase)*.

Investigación comercial
Marketing research
Búsqueda de información útil para identificar y definir oportunidades y problemas de marketing, diseñando el método para recoger esa información, llevar a cabo su proceso de recogida, analizar los resultados y comunicar los hallazgos y sus implicaciones.

Investigación cualitativa
Qualitative research
«Investigación comercial» *(véase)* que recoge información susceptible de ser interpretada por métodos no numéricos y que permite comprender de forma subjetiva al consumidor. Su principal ámbito de actuación son las actitudes, las motivaciones y las opiniones del consumidor respecto a productos, marcas o empresas.

Investigación cuantitativa
Quantitative research
«Investigación comercial» *(véase)* susceptible de ser interpretada cuantitativamente con métodos estadísticos. Suele realizarse mediante el sistema de «encuestas» *(véase)*, eligiendo una «muestra» *(véase)* representativa de la totalidad del público objeto de la investigación.

Investigación de mercados
Market research
Conjunto de procedimientos que se realizan para conocer un mercado. Aunque suele utilizarse como sinónimo de «investigación comercial» *(véase)*, el campo de ésta es más restringido puesto que utiliza sólo «datos primarios» *(véase)* externos, mientras que la investigación de mercados también puede utilizar datos primarios internos. Por otro lado, el adjetivo «de mercado» explicita su campo de actuación, pues es algo externo a la empresa (el mercado), mientras que «comercial» es algo tanto externo como interno en la empresa.

Investigación motivacional
Motivation research
Parte de la «investigación comercial» *(véase)* que se ocupa del análisis de los componentes afectivos en que se basa el comportamiento de los consumidores, reales o potenciales, del producto o servicio que se investiga. La investigación motivacional puede ser de dos tipos. En sentido amplio, se ocupa de averiguar las causas, conscientes o inconscientes, del comportamiento de compra de los individuos. En sentido estricto, la investigación motivacional se ocupa de determinar los motivos ocultos de las conductas de compra basándose en técnicas psicoanalíticas.

Investigación operativa
Operations research
Conjunto de técnicas matemáticas utilizadas para resolver problemas de decisión en los que hay que realizar una elección entre todas las alternativas posibles que permitan alcanzar un objetivo definido. En marketing se utiliza, sobre todo, en el ámbito de la planificación comercial.

Iteración
Iteration
Método de cálculo utilizado en marketing para ayudar en la toma de decisiones. Se trata de una técnica de aproximaciones sucesivas que consiste en realizar análisis por etapas, en cada una de las cuales se aplica un método de cálculo adecuado al problema que allí se plantea, resuelto el cual, se pasa a la siguiente etapa hasta que el proceso de análisis termina cuando el problema base queda resuelto. La técnica de iteración también se denomina *análisis por etapas*.

J

Jefe de medios
Media director
En la «agencia de publicidad» *(véase),* técnico encargado tanto de la planificación de las «campañas de publicidad» *(véase)* en cuanto a los medios, soportes y frecuencia de aparición de los anuncios como de la compra y reserva de espacios en los medios y soportes seleccionados. Es misión suya, también, ordenar la inserción de los anuncios mediante instrucciones precisas a los soportes, controlar que sean cumplidas y reclamar las anomalías que se produzcan en el curso de la difusión de la campaña de publicidad.

Jefe de producto
Product manager
Responsable de las acciones de marketing de un producto o de una «línea de productos» *(véase)* dentro de una misma empresa que elabora una amplia variedad de artículos. El jefe de producto es, en realidad, un gestor que elabora el «plan de marketing» *(véase)* del producto o productos que tiene asignados y lo desarrolla utilizando los servicios de los departamentos de la empresa que precise (publicidad, ventas, etc.) y los colaboradores externos que necesite (institutos de investigación de mercados, agencias de publicidad, etc.).

Jefe de publicidad
Advertising manager
En un «anunciante» *(véase),* persona encargada de elaborar el programa publicitario de la empresa y verificar su proceso de ejecución, utilizando o no los servicios de una «agencia de publicidad» *(véase)* y de otros servicios publicitarios especializados. En un medio de comunicación, persona que promociona la producción publicitaria del soporte y dirige cuanto se refiere a ella dentro del mismo. Ambos realizan, también, funciones administrativas relacionadas con la contratación y el pago de la publicidad.

Jefe de ventas
Sales manager
Responsable de la dirección y control del equipo de ventas de la empresa. En las pequeñas y medianas empresas (PYME) es el máximo responsable de la acción vendedora, pero en las grandes empresas existen varios jefes de ventas según zonas del mercado, que dependen de un director comercial.

Just in time
Just in time
Literalmente, «justo a tiempo». Expresión inglesa para indicar una forma peculiar de organizar la producción para que se fabriquen solamente los productos necesarios, de perfecta calidad, en el momento preciso en que los clientes los necesitan y al menor coste posible. Es un sistema de origen japonés que tiene por finalidad evitar costes ociosos *(stocks,* averías, tiempos muertos, burocracia, etc.) y satisfacer plenamente al cliente con productos de gran calidad.

K

Kicker
Kicker
En «marketing directo» *(véase),* incentivo especial en una determinada oferta, incluido o prometido en ella, con el objetivo de lograr que se acelere la respuesta solicitada. Suele tratarse de artículos de regalo, de descuentos en el precio del producto o de cualquier otro incentivo, pero siempre señalando una fecha tope de recepción de la respuesta o un número máximo, de carácter ordinal, de respuestas llegadas.

Kinesia
Kinesic
Estudio de la comunicación a través de los movimientos corporales y que se aplica en marketing para ofrecer significados valiosos acerca del comportamiento de los interlocutores en la acción de ventas. En general, las posiciones de la cabeza, las posturas del cuerpo, los movimientos de las manos y la situación de las piernas son los aspectos que más significados aportan al vendedor cuando se comunica con un comprador potencial.

Kitsch
Kitsch
Palabra alemana que, en la llamada cultura de masas, tiene un claro significado:

mal gusto. Es lo rebuscado, lo falso, el subproducto o la imitación mal hecha. Se refiere a la existencia de una serie de artículos artísticos o pseudoartísticos (miniaturas de la torre de Pisa, litografías de la Santa Cena, muebles de estilo, etc.), producidos para satisfacer una demanda popular que busca con ellos la imitación de la demanda elitista. Es el resultado del proceso de vulgarización a que el marketing somete los productos del pasado histórico o las características de la alta cultura moderna.

Know how
Know how
Expresión inglesa de general aceptación que representa un conjunto de acciones y conocimientos («saber hacer» sería la traducción literal) que son difíciles de imitar por empresas o personas ajenas a las que lo han logrado gracias a su experiencia o a su investigación. El *know how* no es objeto de protección bajo patente, pero se puede contratar sobre la base de honorarios por su utilización, cosa muy frecuente en marketing para determinadas actuaciones que exigen un conocimiento o una experiencia fuera de lo común.

L

Lead
Lead
En «marketing directo» *(véase),* palabra inglesa de general aceptación que designa el contacto con un posible cliente que ha realizado una consulta susceptible de seguimiento. En realidad se trata de una forma de denominar a los clientes potenciales a los que se ha detectado un cierto interés por el producto o servicio ofertado y que, mediante una mayor argumentación, es posible convertir en clientes reales.

Legibilidad
Readability
Capacidad de un texto escrito para ser leído rápidamente, comprendido fácilmente y memorizado sin dificultad. La legibilidad es básica para lograr la eficacia de los mensajes comerciales que se presentan ante el receptor en la página de un diario, en un «folleto» *(véase),* en una «valla» *(véase)* y, en general, en todo soporte donde figure un texto impreso de carácter promocional.

Ley de Reilly
Reilly's law
Conocida como «ley de gravitación del comercio al por menor», señala que la atracción comercial de una ciudad intermedia entre dos ciudades es directamente proporcional a la población de éstas e inversamente proporcional al cuadrado de las distancias entre la ciudad intermedia y las dos consideradas. El razonamiento de esta ley es que una ciudad con mayor número de habitantes tiene más atractivo para ir a comprar en ella (más tiendas, más productos, más hoteles, etc.), pero la distancia entre el lugar de residencia y esa ciudad constituyen un freno para acudir a ella, ya que implica un mayor coste de transporte y más cantidad de tiempo para llegar.

Ley de Weber
Weber's law
Se refiere al proceso de percepción de los estímulos y se enuncia diciendo que el incremento mínimo de intensidad que un sujeto percibirá en un estímulo es proporcional a la intensidad inicial del estímulo. Así, ante un estímulo de marketing muy intenso (un envase grande, por ejemplo), sus variaciones no se percibirán si aumenta un poco el envase y sí lo serán si cambia mucho (un envase pequeño, por ejemplo). Del mismo modo, pasar el precio de un producto de 4 a 5 pesetas se percibirá, mientras que pasar de 125.000 a 125.500 pesetas no se percibirá.

Libido
Libido
Concepto clave del psicoanálisis con el que se denomina la energía que pone en marcha los instintos que sirven a los fines de la vida, aunque predominan los de carácter sexual. Son una constante de tensión emotiva cuya reducción va acompañada de una experiencia consciente de placer. La libido sirve para comprender ciertos aspectos

de la «motivación» *(véase)* del consumidor y, con ello, favorecer la venta de determinados productos presentados como descarga de su energía libidinal, provocando, por ello, una sensación placentera en el momento de su compra y consumo.

Líder de opinión
Opinion leader

Todo individuo que es capaz de ejercer una influencia sobre los demás. En marketing, los líderes de opinión se utilizan a nivel masivo o a nivel de grupos. En el primer caso, la publicidad presenta al líder (real o creado expresamente) para que los consumidores imiten su comportamiento de compra adquiriendo el mismo producto que él consume. En el segundo caso, la venta personal utiliza al líder como intermediario entre el vendedor y el comprador a través del mismo mecanismo de actuación: la imitación.

Línea de productos
Product line

Conjunto de productos estrechamente relacionados entre sí que ofrece una misma empresa. Pueden ofrecerse bajo la misma o distinta marca y su relación proceder de que satisfacen la misma necesidad, funcionan de forma similar o se distribuyen en los mismos tipos de establecimientos. Cuando una empresa tiene varias líneas de productos, el conjunto de líneas forman su cartera de productos: detergentes (línea), dentífricos (línea) y champús (línea) forman la oferta (cartera) de productos de una empresa de bienes de consumo.

Lineal
Stockkeeping space

En una tienda detallista, longitud que alcanza la exposición cara al público de todos los productos que el establecimiento pone a la venta y que está constituido, a su vez, por la suma de la longitud de los distintos muebles donde se encuentran situadas las diferentes mercancías. La colocación de los productos en el lineal es una técnica del *merchandising (véase)* que permite atraer al comprador hacia el producto, facilitar su elección y provocar su compra.

Lista caliente
Hot list

Listado de personas que han respondido favorablemente a una acción de «marketing directo» *(véase),* al menos una vez y recientemente. Las listas calientes son las que permiten asegurar un porcentaje alto de respuesta en una campaña de marketing directo y son la base fundamental para la venta por correo de los nuevos productos.

Lista de comprobación
Check list

Conjunto de preguntas destinadas a realizar un repaso sistemático de los elementos que intervienen en la actividad de marketing de la empresa, destacando los aspectos de esa actividad que, en cada momento, deseen comprobarse. Es un procedimiento muy utilizado en el control de marketing, pero a veces se utiliza con fines de recopilación de datos para la planificación de las acciones de marketing.

Lista fría
Cold list
En «marketing directo» *(véase),* lista de personas sin historial previo de compra por correo o respuestas a comunicaciones directas. Las listas frías suelen utilizarse en campañas masivas de marketing directo para productos de gran consumo, o para realizar un test previo de comprobación de la calidad del mensaje en cuanto a su capacidad de obtención de la respuesta buscada.

Lista Robinson
Robinson's list
Relación de personas que han solicitado de manera explícita su eliminación de una o más listas de «marketing directo» *(véase)* con el fin de no recibir las ofertas promocionales. En España, la ley que regula el tratamiento automatizado de los datos de carácter personal de los ciudadanos (LORTAD) hace referencia, en su artículo 29, al derecho de las personas a conocer el origen de sus datos utilizados con fines comerciales y a ser dados de baja del fichero donde figuren.

Logística
Logistics
Término de origen militar que, en marketing, hace referencia a las operaciones que permiten el movimiento de los productos desde el fabricante a su destino (mayorista, minorista o consumidor final). El concepto, aplicado a la empresa, es mucho más amplio, ya que incluye el flujo de materiales que precisa para su actividad (suministros) y al de los productos que elabora (bienes terminados).

Logotipo
Logotype
Palabra o palabras con un diseño característico (*logo* = palabra; *tipo* = carácter o forma de las letras) que forman parte de la marca de la empresa o del producto que elabora o que, por sí mismas, constituyen esa marca. Su utilización en marketing es fundamental, ya que su función básica es identificar y proporcionar una personalidad a la empresa o al producto frente a la competencia de empresas o productos similares. Cuando al logotipo se le añade un símbolo o emblema, forman, juntos, la marca.

M

Mailing
Mailing
Término inglés formado por el sustantivo *mail* (correo) y el radical *ing* (que implica acción). Operación de «marketing directo» *(véase)* que utiliza el correo para mandar sus mensajes, generalmente a través de cartas personalizadas acompañadas o no de un folleto de carácter promocional. Su efectividad depende de la bondad de la «base de datos» *(véase)* que utiliza para enviar los mensajes.

MANOVA
MANOVA
Siglas de *Multivariate Analysis of Variance* (Análisis multivariable de la varianza), técnica estadística que se aplica a la resolución de problemas de «investigación de mercados» *(véase)* que implica múltiples respuestas del mismo individuo varias veces en el tiempo. Su utilización es muy frecuente en los «mercados de prueba» *(véase)*, dado que en ellos se experimentan acciones de marketing controladas mediante «paneles» (véase) de individuos que han de responder varias veces en varios tiempos a fin de evaluar esas acciones.

Manual de ventas
Sales portfolio
Documento con información sobre los productos que constituyen la oferta de la empresa y que utiliza el vendedor para preparar adecuadamente su tarea. Suele constar, básicamente, de tres tipos de información: descripción de la «gama de productos» *(véase)*, «argumentario de ventas» *(véase)* para cada producto y el «plan de marketing» *(véase)* en cada momento determinado. En ocasiones se acompaña de información sobre la oferta de productos de los competidores.

Maqueta
Dummy
Diagrama, en tamaño real o reducido, realizado para una pieza de promoción en marketing, compuesto, generalmente, de varias páginas que han de ser impresas. También se aplica el término a una «cuña» *(véase)* publicitaria pregrabada sin utilizar los recursos técnicos definitivos y, en el ámbito audiovisual, a la construcción, a escala reducida, del decorado donde se va a desarrollar la acción de un «filme publicitario» *(véase)*.

Marca blanca
White brand
También llamada marca del distribuidor por ser él (generalmente un minorista) el que las utiliza y vende. La marca blanca es el resultado de una técnica de marketing muy precisa: el fabricante elabora un producto terminado y, por encargo del distribuidor, lo presenta en un envase (blanco) y con una marca (la del distribuidor) de tal forma que el comprador identifica el producto con el establecimiento donde lo adquiere. Además, los productos con marca blanca suelen resultar entre un 10 y un

20 por 100 más baratos que los mismos o similares que vende el fabricante con su marca y casi siempre se utiliza para productos genéricos (leche, pastas, arroz, etc.).

Marca registrada
Trademark
Marca del producto que ha sido debidamente inscrita en un registro público y que garantiza así a su propietario el derecho a utilizarla en exclusiva y la oposición a un intento de registro de marcas similares. La marca registrada se extiende a las palabras que la identifican, a las imágenes y a las formas tridimensionales, con lo cual se incluye la forma del producto, los envases y el envoltorio. Constituye un elemento importante para el marketing, ya que significa un arma defensiva frente a la competencia y la base del desarrollo de acciones comerciales tendentes a crear la «imagen de marca» *(véase)* del producto o de la empresa.

Margen comercial
Mark-up
Diferencia entre el precio de venta de un artículo y su precio de adquisición. En general se utiliza más como porcentaje sobre el precio de una mercancía que obtiene la empresa que se encarga de su distribución, sea «mayorista» *(véase)* o «minorista» *(véase)*.

Marketing
Marketing
Proceso de planificación y ejecución de la concepción del producto y de la fijación del precio, la promoción y la distribución de ideas, bienes y servicios para crear inter-

cambios que satisfagan los objetivos de los individuos y de las organizaciones.

Marketing directo
Direct marketing
Operaciones promocionales que utilizan uno o más medios publicitarios para conseguir una respuesta medible o una transacción comercial en un punto determinado. El concepto abarca todos aquellos medios de comunicación destinados a crear una relación interactiva con un comercio, una empresa, un consumidor o un contribuyente a una causa determinada.

Marketing mix
Marketing mix
Conjunto de elementos y de recursos que la empresa puede utilizar para desarrollar sus planes comerciales. Estos elementos pueden ser muy variados, aunque la clasificación más comúnmente utilizada de ellos es la de las *4 Pes* de J. E. McCarthy: el precio *(price)*, el producto *(product)*, la distribución *(place)* y la promoción *(promotion)*. El peso específico de cada elemento del *marketing mix* depende siempre de la estrategia comercial de la empresa en cada momento determinado.

Mayorista
Wholesaler
Intermediario, generalmente bajo forma de empresa, que vende productos en grandes cantidades o volúmenes a «minoristas» *(véase)*. Se abastece de varios fabricantes y los hay que tienen gran variedad de productos (mayoristas de mercancías generales), determinadas líneas de

productos (mayoristas de línea general) y solamente una determinada línea de producto (mayoristas especializados). No suelen tener la exclusiva de las mercancías que venden y pueden colaborar publicitariamente con el fabricante y con el minorista (publicidad cooperativa), aunque lo más común es que realicen «publicidad directa» y «catálogos» *(véase)* dirigidos a los minoristas, que son los consumidores finales de sus productos.

Medios publicitarios
Advertising media
Cualquier procedimiento susceptible de transmitir un mensaje publicitario, ya sea de forma masiva, en cuyo caso el medio publicitario se confunde con el medio de comunicación de masas (como la televisión, la prensa, la radio, etc.), ya sea de manera más restringida, como sucede con los carteles, los folletos, etc.

MGM
MGM
Siglas de *Member-get-Member* (amigo-amigo) o difusión por amistad. Sistema utilizado por el «marketing directo» *(véase)* consistente en ofrecer incentivos (un regalo, una cantidad del producto ofertado, etc.) a los ya clientes para que proporcionen a la empresa nombres o direcciones de otras personas posiblemente interesadas en el mismo producto u otros similares. Este tipo de acción es muy común para promocionar suscripciones a revistas u otros medios impresos, bien mediante folletos de «publicidad directa» *(véase)*,

bien insertando anuncios con la oferta del incentivo.

Mensaje publicitario
Advertising message
Información que el «anunciante» *(véase)* transmite al mercado, resultando ser un intermediario comunicativo entre el productor y el consumidor. Como tal, se le asignan tareas trascendentales: servir de reclamo para la percepción del consumidor, contener información enfatizada sobre el producto para suscitar el interés del destinatario, realizar una exaltación de los beneficios que proporciona la compra del producto y modificar la conducta del consumidor hacia el producto anunciado. De ahí que para elaborar el mensaje publicitario sea imprescindible la «creatividad publicitaria» *(véase).*

Mercadeo
Marketing
Denominación del marketing muy extendida en Hispanoamérica que tiene el mismo significado y alcance que el término inglés. En España no se ha utilizado nunca.

Mercado de prueba
Test market
Ensayo de la comercialización de un producto eligiendo un mercado de reducido tamaño pero representativo del conjunto del mercado donde finalmente se pretende lanzar el producto. Una vez realizada la operación en el mercado de prueba, se extrapolan los resultados a todo el mercado y se toma la decisión de su lanzamiento general o no. Es un procedimiento muy recomendable cuando se piensan llevar a

cabo acciones de marketing que exigen un elevado coste (campañas de publicidad sobre todo), ya que de esta forma se eliminan los riesgos financieros que implica actuar sobre todo el mercado al mismo tiempo.

Mercado potencial
Potential market
El máximo de consumidores que pueden llegar a adquirir la oferta de todas las empresas que componen la industria en un momento determinado. De forma más restringida, se suele hablar del mercado potencial de una empresa como aquel que puede alcanzar de forma rentable con los medios de que dispone, reservando el término de «potencial del mercado» al que pueden alcanzar todas las empresas que componen la industria del sector considerado.

Mercadología
Marketing
Término que, literalmente, significa tratado del mercado (de *logos,* tratado, y *merca,* mercado). Es la denominación que recibe el marketing en algunos países hispanoamericanos, pero que no se utiliza en España.

Mercadotecnia
Marketing
Técnica de mercado. Denominación del marketing en ciertos ámbitos y a la que se refiere el Diccionario de la Real Academia Española como referencia al marketing, definiéndolo como «conjunto de principios y prácticas que buscan el aumento del comercio, especialmente de la demanda, y estudio de los procedimientos y recursos tendentes a este fin». Actualmente, en España está en desuso.

Merchandising
Merchandising
Término inglés que designa el conjunto de acciones para dar al producto un papel activo en la venta a través de la actuación en el entorno donde se vende. Se realiza generalmente en el comercio o establecimiento donde se ofrece el producto y comprende un amplio campo de actividades: promociones, publicidad en el lugar de venta, situación física del producto, mobiliario, «surtido» *(véase),* distribución de la «línea de productos» *(véase),* etc. Aunque se trata de una actividad típica del distribuidor, el fabricante suele colaborar con él, fundamentalmente mediante la publicidad en el punto de venta.

Minorista
Retailer
Denominado también detallista, comerciante que vende productos en pequeñas cantidades o volúmenes directamente al consumidor final. Se abastece, generalmente, de varios mayoristas, aunque para ciertos productos el suministro de mercancías lo obtiene directamente del fabricante. El marketing que realiza es de tipo local o de barrio, y su objetivo es promocionar su establecimiento y no las mercancías que ofrece, aunque éste sea el pretexto para vender.

Motivación
Motivation
Todo lo que afecta a los intereses, intenciones, deseos, fines, incentivos, valores,

creencias y actitudes que originan la conducta del consumidor. La razón de por qué unos individuos compran unas cosas u otras o se inclinan a favor de una marca u otra se encuentra en los motivos por los que las compran y, una vez averiguados, son la base de la creación de muchos mensajes publicitarios.

Motivo
Motive
Causa final de la conducta del consumidor, por oposición a «motivación» *(véase)*, que es la causa primaria o desencadenante de la conducta. El motivo es un conjunto de opiniones, apetitos, inclinaciones y, probablemente, impulsos instintivos, adecuados para inducir a una acción consciente y con un propósito determinado. La importancia del motivo para el marketing estriba en que, en muchas ocasiones, la razón de por qué unos individuos compran unas cosas y otros no se encuentra en los motivos de su conducta.

Movimiento consumidor
Consumerism
Actividad social que busca la protección del consumidor frente al poder desarrollado por las empresas comerciales e industriales, fundamentalmente en el ámbito de la promoción y venta de sus productos y servicios. Aparte de otras cuestiones de interés (vigilancia de calidades y pesos, reacciones ante precios abusivos, etc.), el marketing es objeto muy importante de su atención, fundamentalmente la lucha contra la publicidad engañosa mediante denuncias a las autoridades administrativas y llamadas de atención a la opinión pública.

Muestra estadística
Sample
En «investigación de mercados» *(véase)*, conjunto de elementos seleccionados probabilísticamente (es decir, al azar) de un colectivo que no reúnen ninguna característica esencial que los distinga de los restantes y que representan a todo el colectivo de donde han sido extraídos. El tamaño de la muestra y el procedimiento para obtenerla requiere el uso de técnicas de carácter estadístico-matemático, suficientemente desarrolladas en la actualidad dentro del campo de la Teoría de probabilidades.

Muestreo
Sampling
En marketing, entrega gratuita de un modelo del producto para ser degustado o utilizado en un proceso de consumo. El modelo utilizado tiene, en ocasiones, un tamaño reducido respecto al original y suele denominarse también muestra gratuita, que se acompaña a la publicidad (generalmente, un folleto) con el fin de que el consumidor conozca el producto, juzgue su calidad y se estimule con ello su compra.

Muestreo aleatorio
Random sampling
En «investigación de mercados» *(véase)*, método de selección de una «muestra estadística» *(véase)* en el que todos los elementos de la población a estudiar tienen la misma probabilidad de ser elegidos, utilizando para ello el azar. En «marketing direc-

to» *(véase),* envío de carteles, folletos u otro material a un grupo de personas representativo del «público objetivo» *(véase),* seleccionadas al azar a efectos de realizar una prueba de la eficacia o no de una campaña de promoción a realizar.

Muestreo estratificado
Stratified sampling
En «investigación de mercados» *(véase),* método de selección de una «muestra estadística» *(véase)* según las partes o estratos en que puede dividirse la población a estudiar (sexo, edad, estado civil, etc.). Una vez determinados los estratos, la muestra se elige en cada uno de ellos de forma aleatoria. La utilización del muestreo estratificado se realiza cuando las diferencias entre la población a estudiar son muy acusadas.

N

Necesidad
Need
Sensación que tiene un individuo de una carencia, unida al deseo de hacerla desaparecer. El marketing busca necesidades no cubiertas para ofrecer los productos que permiten satisfacerlas o promocionar productos que permiten satisfacer de otra forma las necesidades del individuo ya satisfechas. Es un error pensar que el marketing crea necesidades, pues éstas forman parte de la esencia del ser humano. Lo que sí puede hacer el marketing es estimular las necesidades existentes.

Necesidades primarias
Primary needs
Necesidades orgánicas del individuo o apetitos que tienen un carácter de imperiosa necesidad: hambre, sed, sueño, evacuación, etc. Al contrario que el animal, que sabe encontrar lo que necesita, el hombre desconoce a veces sus necesidades reales, de tal forma que un cierto adiestramiento social puede desviarlo de ellas. El marketing (sobre todo a través de la publicidad) que actúa sobre las necesidades primarias intenta producir esa desviación mediante la presentación del producto de forma incitativa: la imagen de un vaso de cerveza puede hacer creer al individuo que tiene «sed de cerveza», cuando en realidad sólo «tiene sed».

Nicho de mercado
Market niche
Expresión que hace referencia a una parte del mercado, generalmente reducida, cuya característica principal es su diferenciación clara del resto. La diferenciación de un nicho puede venir por vía del producto (productos dirigidos a personas asociadas a grupos de intereses comunes), del precio (productos caros, baratos), de la distribución (selectiva, exclusiva) y de la promoción (imagen de marca).

Nielsen
Nielsen
Una de las mayores empresas de investigación del mundo que lleva a cabo una gran variedad de servicios útiles para asentar sobre sus datos acciones de marketing de diversos tipos. El nombre de la empresa es, también, la denominación de muchos de esos servicios, entre los que destacan el índice que proporciona información acerca del movimiento de las ventas de productos en los comercios «minoristas» *(véase)* y el índice que proporciona datos sobre la «audiencia» *(véase)* de los medios de comunicación.

Norma
Rule
Pauta de comportamiento asumida por todos los miembros de un «grupo social» *(véase)*. La norma representa la existencia de rutinas o formas de actuación aceptadas por todos, tales como llevar o no corbata, la cantidad media de una propina, el tuteo o el tratamiento de usted, etc. En la medida en que las normas del grupo social al

que pertenece el consumidor sean puestas en juego por las acciones de marketing, su eficacia será mayor.

Notoriedad
Public knowledge
Cualidad de la marca de un producto que la hace ser conocida y reconocida por un gran número de personas en el mercado. De la cualidad de notoriedad se infiere que será la marca más notoria la que tendrá mayores posibilidades de ser adquirida por el consumidor, y ello está especialmente indicado para los productos de gran consumo en los que actúa la «compra por impulso» *(véase)*.

Novedad
Novelty
Producto nuevo en el mercado. La novedad puede ser de tipo parcial cuando es la resultante de la incorporación de nuevas características extrínsecas al producto (un nuevo envase, por ejemplo) o cuando se incorporan nuevas características intrínsecas (los microchips, por ejemplo). La novedad es total cuando, efectivamente, el producto nace para una función no existente aún (la televisión, en su día).

Nuevo producto
New product
Producto que se lanza al mercado para adelantarse a la dinámica de la demanda. Puede ser nuevo para la empresa que no lo fabricaba antes (se hablaría, entonces, de nuevo modelo), nuevo para el mercado nacional que no lo conocía antes (se hablaría, entonces, de nueva marca) y nuevo para el mercado mundial, donde antes era inexistente (se hablaría, entonces, de nuevo producto). El nuevo producto ha de sufrir un proceso de «adopción» *(véase)* más o menos largo según sea su ámbito de «novedad» *(véase)*.

O

Objeción
Objection
Impedimento o dificultad que pone el comprador potencial para concluir definitivamente la venta de un producto o servicio. Puede ser real, con lo cual demuestra un interés para la compra del producto, o simulada, para no efectuar o para retrasar la compra. La objeción es normal en el proceso de compraventa y sirve para que el vendedor utilice argumentos que convenzan al cliente rompiendo sus objeciones.

Objetivos de marketing
Marketing goals
Metas de marketing que la empresa pretende alcanzar mediante una estrategia comercial determinada. Un objetivo de marketing debe cumplir seis condiciones básicas: estar definido de forma clara y concreta; ser coherente con otros objetivos de la empresa; tener un plazo de ejecución; tener un responsable; ser cuantificable en la medida de lo posible, y ser controlable cuantitativa y cualitativamente.

Objetivos publicitarios
Advertising goals
Meta general o específica que ha de ser alcanzada por una «campaña de publicidad» *(véase)* completa o por un «anuncio» *(véase)* aislado. La meta general de la publicidad es hacer variar los comportamientos de compra del consumidor hacia el producto anunciado. La meta específica viene impuesta por la naturaleza del problema a resolver (introducir un producto nuevo en el mercado, desarrollar una imagen de marca, contrarrestar acciones de la competencia, etc.).

Observación
Observational method
Método utilizado en la «investigación de mercados» *(véase)* para recoger información acerca del comportamiento de los individuos ante una determinada situación de compra. Es el método más objetivo posible, ya que sólo recoge datos de lo que se ve y no de lo que se deduce. Se realiza mediante personal cualificado y, en ocasiones, utiliza determinados aparatos (cámaras fotográficas ocultas, grabadoras disimuladas, etc.) que mejoran la precisión de la observación.

Oleada
Flight
Lanzamiento de mensajes publicitarios distintos durante el período de difusión de una misma «campaña de publicidad» *(véase)*. Es muy eficaz, dado el impacto que provoca en el público receptor, aunque hay que dosificar adecuadamente la aparición de los anuncios, puesto que una concentración excesiva de éstos puede ser rechazada por el receptor y, en todo caso, acorta la campaña y con ello el recuerdo del mensaje.

Oligopolio
Oligopoly
Mercado en el que unas pocas empresas intentan abastecer a un elevado número de demandantes. Dado el escaso

número de empresas que compiten entre sí, la variable fundamental con que cada una trabaja es la conjetura de las empresas respecto a lo que hará cada una, lo cual influye poderosamente en sus acciones de marketing, ya que una acción desarrollada por una empresa oligopolística (una campaña de publicidad, por ejemplo) obliga a realizar otras de la misma intensidad al resto de los competidores. A la larga, puede existir lo que se denomina una «guerra de marketing».

Ombudsman
Ombudsman

Defensor del consumidor. El *ombudsman* (palabra de origen sueco, abreviatura de *Konsumentombudsmanen*) es un funcionario nombrado por la Administración con el fin de vigilar la aplicación de las leyes que afectan al consumidor. Asistido por especialistas relacionados con el consumo, recibe las quejas de los consumidores y trata de lograr una rectificación voluntaria de la empresa denunciada si encuentra fundamento en ella. De no lograrlo, el *ombudsman* pone el caso en manos de los tribunales de justicia competentes.

Opinión pública
Public opinion

Conjunto de juicios o de expresiones sostenidas por un colectivo de personas en un cierto momento y sobre una determinada cuestión, que es sobre lo que se opina. Desde el punto de vista del marketing, interesa la consideración de la opinión pública como juicio que manifiesta una «actitud» *(véase),* ya que ésta impulsa al individuo hacia un cierto tipo de comportamiento, en este caso de compra del producto que el marketing promociona en el mercado.

OTS
OTS

Siglas de *Oportunity to See* (oportunidad de ver). Número de veces que una persona del público a quien se dirige una «campaña de publicidad» *(véase)* tiene ocasión de percibir y recordar un anuncio por televisión. El OTS se expresa en unidades y se relaciona con el número de pases del «spot» *(véase)* por televisión. Por ejemplo, en España el número mínimo de OTS es de cinco y, como la equivalencia entre un OTS y el número de pases está estimada en la proporción de uno a cuatro, para que el espectador perciba y recuerde un anuncio por televisión, el «anunciante» *(véase)* precisa realizar un mínimo de veinte pases del anuncio.

Outsourcing
Outsourcing

Término inglés de general aceptación que se refiere a una forma peculiar de organización empresarial mediante la cual la empresa contrata a otras empresas especializadas una parte de sus actividades (por ejemplo, mantenimiento, seguridad, etc.) que no constituyen la esencia de la suya pero que le resultan necesarias para llevarlas a cabo. En el ámbito del marketing, el *outsourcing* está muy extendido en el campo de la «investigación comercial» *(véase)* y, sobre todo, en el de la «promoción de ventas» *(véase).*

P

Palabra clave
Key word
Palabra cuya utilización en marketing corre paralela a su uso creciente en el lenguaje común para designar un concepto básico de la evolución cultural de cada época y lugar determinado. El marketing utiliza ampliamente las palabras clave (en publicidad y en la venta, singularmente) porque su poder de evocación es superior al resto de las palabras de uso cotidiano: por ejemplo, «lujo», «fácil», «nuevo», etc. En la terminología profesional se denominan, también, palabras que venden.

Panel
Panel
Grupo de personas representativas de la población de donde fueron seleccionadas y que facilitan información regular sobre los aspectos que interesan de una acción de marketing. La recogida de información puede hacerse por correo, mediante visita personal o por llamada telefónica, procedimiento este último que cada vez se utiliza más.

Patrocinio
Sponsorship
Pago de la totalidad o parte de un acto deportivo, cultural o social con la finalidad de dotar de «notoriedad» *(véase)* pública a la empresa patrocinadora o a la marca de los productos que elabora. El patrocinio lleva aparejada, siempre, la elaboración de uno o varios elementos promocionales, entre los cuales destacan, por su frecuencia de utilización, la publicidad estática (vallas, rótulos, etc., en el lugar del evento patrocinado) y la publicidad impresa (anuncios del evento con indicación del patrocinador).

Percepción
Perception
Proceso a través del cual los individuos seleccionan, organizan e interpretan los estímulos sensoriales transformándolos en imágenes dotadas de un significado. La percepción de las acciones de marketing es el primer paso para la captación de su interés hacia sus mensajes y sirve de entrada a otros efectos. En concreto, la elección de una marca y su lealtad hacia ella se realiza, de manera fundamental, a través de la percepción de sus características que pone de manifiesto el marketing.

Perfil de audiencia
Audience profile
Composición de la «audiencia» *(véase)* de un determinado medio o soporte a través del que se difunde la publicidad. El perfil de audiencia se obtiene a través del análisis de audiencia, metodología de investigación que utiliza criterios cualitativos y cuantitativos para conocer el número de personas que la integran, su sexo, edad, estatus socioeconómico, etc., así como otras variables psicológicas de interés para el marketing, como actitudes, motivaciones, hábitos, etc.

Piggyback
Piggyback
Término inglés de general utilización para designar en publicidad por radio o televisión dos anuncios del mismo «anunciante» *(véase)* pero con dos productos diferentes, cuya difusión se programa de tal forma que sean emitidos uno a continuación del otro. Con ello se consigue reforzar la «imagen de marca» *(véase)* de la empresa y aumentar la duración global de la publicidad, puesto que, normalmente, los anuncios emitidos en secuencia poseen algún elemento común (la marca, el sonido, los planos finales, el eslogan, etc.). Es muy utilizado por la publicidad de juguetes y de artículos para el hogar.

Plan de marketing
Marketing plan
Documento que recoge los objetivos de marketing, la estrategia a seguir para conseguirlos, las acciones concretas a desarrollar y el presupuesto de los ingresos, gastos y beneficios esperados. El *marketing mix (véase)* constituye la base del establecimiento del plan de marketing.

Planificación de medios
Media planning
Técnica consistente en distribuir, con criterios de eficacia, entre los medios de comunicación, los recursos disponibles para cumplir los objetivos marcados a una «campaña de publicidad» *(véase)*. Toda planificación de medios debe constar, al menos, de cuatro actividades: la definición de medios y soportes a utilizar, la selección de los más idóneos, la distribución del presupuesto disponible y la distribución de los anuncios en el tiempo. El procedimiento utilizado puede ser manual o mediante ordenador, empleando modelos matemáticos.

PLV (Publicidad en el Lugar de Venta)
POP
Tipo de publicidad que se sitúa en los comercios formada por carteles, vídeos, exhibidores y cualquier otro soporte colocado estratégicamente en los locales del comerciante, de tal forma que el consumidor lo perciba y asimile en el mismo momento y lugar en el que toma la decisión de compra. Este tipo de publicidad está especialmente indicada para promocionar los productos de «compra por impulso» *(véase)*.

Posicionamiento
Positioning
Identidad propia y distinta de un producto creada a través del marketing, que determina su posición en el mercado en relación con sus competidores. La determinación del posicionamiento del producto es fundamental es la «investigación comercial» *(véase)* que se realiza en ayuda de la «estrategia de marketing» *(véase)*.

Pregunta abierta
Open-end question
En «investigación comercial» *(véase)*, tipo de pregunta en la cual no vienen predeterminadas las posibles respuestas a ella, con lo que los entrevistados pueden responder de cualquier forma. Se utiliza mucho en la investigación comercial de tipo cualitativo, sobre todo para re-

coger opiniones verbalizadas del «público objetivo» *(véase)* de una acción de marketing. El entrevistador debe, por ello, recoger las expresiones del entrevistado de modo literal y lo más completas que pueda. Posteriormente, las respuestas se agrupan en grandes categorías, que son las que se utilizan para el análisis de los resultados de la investigación.

Pregunta cerrada
Closed-end question
Modo de planteamiento de preguntas en la «investigación comercial» *(véase)* en el cual las respuestas que se consideran relevantes se contienen expresamente en el cuestionario. El entrevistador no tiene más que marcar la respuesta de la persona entrevistada en la casilla correspondiente del cuestionario. Los tipos más comunes de preguntas cerradas se presentan, bien como alternativa sí/no, bien como un listado de marcas y productos acerca de los cuales se plantean cuestiones relativas al tema a investigar.

Prescriptor
Prescriptor
Persona cuyas opiniones, decisiones y trabajo específico pueden determinar la compra de una marca. Los ejemplos más conocidos de prescriptores son los médicos y los arquitectos, aunque, por extensión, puede entenderse por tal al personal en el punto de venta. Existe una gran cantidad y variedad de acciones de marketing dirigida a prescriptores, sobre todo de productos que exigen un conocimiento profesionalizado al que el consumidor no tiene

acceso: es el caso de la publicidad de productos farmacéuticos de venta sólo con receta médica y algunos tipos de publicidad industrial.

Prestigio
Prestige
En términos de marketing, el prestigio hace referencia a los productos que poseen un valor psicológico superior a su valor práctico o utilidad para satisfacer la necesidad que normalmente cubren. Generalmente de precio elevado, su compra obedece a móviles de tipo emocional, tales como demostración de riqueza o la importancia del comprador. La publicidad de prestigio es muy utilizada para promocionar este tipo de productos en el mercado y, en ocasiones, es la propia publicidad la que dota de prestigio al producto que anuncia.

Presupuesto de publicidad
Advertising budget
Cantidad que el «anunciante» *(véase)* destina a su publicidad. El presupuesto puede ser dado previamente a la «agencia de publicidad» *(véase)* en función del montante que el anunciante piensa destinar a una o varias acciones publicitarias concretas, y la agencia calcular las que puede desarrollar ajustándose a dicho presupuesto. Pero también el anunciante puede señalar las acciones publicitarias que desea llevar a cabo y solicitar a la agencia de publicidad que le calcule el presupuesto que permite realizarlas.

Pretest
Pretest
Investigación previa a una más general que se utiliza

para estimar las ventas de un nuevo producto antes de lanzarlo al mercado, la eficacia de un anuncio antes de su difusión o el grado de comprensión de las preguntas de un cuestionario antes de realizar la encuesta. Se justifica por su menor coste con respecto a una investigación completa y porque, con él, se obtienen datos valiosos para corregir el aspecto a investigar antes de llevar a cabo la acción.

Proceso creativo
Creative process
Desarrollo del proceso de creación de ideas originales aplicable a la elaboración de acciones de marketing y, singularmente, a la del «mensaje publicitario» *(véase)*. La tendencia tradicional es dividir el proceso creativo en cuatro etapas: 1.ª, la preparación, en la que se identifica el problema y se acumulan datos para su posible solución; 2.ª, la incubación o abandono aparente del trabajo creador dejando que el inconsciente continúe ocupado en generar ideas; 3.ª, la iluminación o momento de aparición de la idea, generalmente de forma inesperada, que permite dar solución al problema y 4.ª, la verificación o etapa de comprobación de la idea generada, sometiéndola a todo tipo de pruebas de validación.

Productos de compra estudiada
Shopping goods
Productos que se compran de manera irregular y tras un proceso, más o menos largo, de búsqueda y comparación entre varios artículos de similares características, tal como ocurre, por ejemplo, con los muebles, los electrodomésticos, etc. La estrategia comercial para este tipo de productos recae, de manera fundamental, en el comerciante, dado que generalmente el consumidor no busca en este tipo de productos marcas sino precio, calidad, surtido, etc.

Productos de consumo general
Convenience goods
Denominación dada a los bienes y servicios sobre cuyas características el consumidor tiene un completo conocimiento antes de ir a comprarlo y, consiguientemente, realiza el mínimo esfuerzo para adquirirlo: los artículos alimenticios usuales, los productos de limpieza habituales, etc., pertenecen a esta categoría de productos. La estrategia de marketing en ellos se basa, fundamentalmente, en utilizar publicidad para identificar el nombre del producto en la mente del consumidor y en resaltar sus cualidades para satisfacer necesidades, con el objetivo de que el consumidor lo adquiera en el momento y lugar de su decisión de compra. A esta categoría pertenecen los productos de «compra por impulso» *(véase)*.

Productos de especialidad
Speciality goods
Denominación dada a los productos en los cuales el consumidor tiene una fuerte preferencia por una determinada marca y está dispuesto a dedicar tiempo y esfuerzo para conseguirla: los automóviles, las prendas de vestir especiales, los equipos

fotográficos, etc., son ejemplos de este tipo de productos. Su estrategia comercial se centra, de manera casi exclusiva, en la creación y fomento de la «imagen de marca» *(véase)* del producto, que es, precisamente, lo que busca el consumidor.

Programa publicitario
Advertising planning
Plan de actuación del «anunciante» *(véase)* encaminado al cumplimiento del objetivo que ha asignado a su publicidad, especificando para ello, y en su caso cuantificando, qué, cómo, cuándo y dónde debe realizarse. Al constituir una parcela en los procesos de la administración empresarial, el establecimiento del programa publicitario busca la rentabilidad óptima de los recursos humanos, materiales y financieros que precisa la consecución del objetivo, la organización de esos recursos, la coordinación de las acciones previstas y el control de las mismas para asegurar los resultados perseguidos.

Promoción de ventas
Sales promotion
Conjunto de actividades, distintas de la venta personal y de la publicidad, encaminadas tanto a estimular la acción del intermediario como la compra del consumidor. Los instrumentos utilizados por la promoción de ventas son múltiples y variados (entrega gratuita de muestras a los consumidores, concursos, incentivos a los vendedores, material gratis para el establecimiento, regalos, sorteos, etc.), pero siempre es preciso utilizarlos en un momento y en un ámbito concreto y de forma esporádica.

Publicidad de detallistas
Retail advertising
Publicidad realizada por los comercios «minoristas» *(véase)* para atraer al comprador hacia su establecimiento. El mensaje genérico utilizado en este tipo de publicidad es «compre el producto X en mi establecimiento», dado que para el detallista es más importante dónde realiza su compra el consumidor que la marca del producto que adquiere.

Publicidad comparativa
Comparative advertising
Forma de publicidad demostrativa en la que se resaltan las ventajas de una marca con relación a otras, citando para ello datos de las marcas comparadas y poniéndolos en relación con los mejores datos de la marca anunciada. Aunque se utiliza bastante en Estados Unidos, en el resto de los países está prácticamente prohibida.

Publicidad corporativa
Corporate advertising
Publicidad realizada por una empresa o por una institución pública encaminada a provocar actitudes y opiniones favorables hacia ella por parte del público receptor más que a los productos o servicios específicos que ofrece al mercado: características de la entidad, valores sociales, cifras de producción, hechos y noticias que valoran la empresa, etc. En ocasiones se denomina también «publicidad institucional» *(véase)*.

Publicidad directa
Direct mail
Publicidad por correo. Llámase «directa» porque va dirigida a un segmento de la población identificado con su nombre, apellidos y domicilio, con lo cual la propuesta publicitaria puede realizarse de forma personalizada e, incluso, apelando a motivaciones singulares de los individuos receptores de la misma, como por ejemplo su profesión, sus gustos, sus aficiones, etc.

Publicidad efectiva
Efficiency advertising
Publicidad que consigue sus objetivos mediante el aprovechamiento óptimo de los recursos utilizados para ello. Es, pues, sinónimo de productividad que, si bien suele aplicarse al ámbito económico (en cuyo caso se relacionaría la publicidad con sus rendimientos en el mercado), puede utilizarse en el campo de la elaboración de los mensajes o en el de la selección de medios óptima para conseguir los «objetivos publicitarios» *(véase)* perseguidos.

Publicidad encubierta
Hidden advertising
Inclusión en una información general o en una noticia de textos o menciones orales, de marcas, productos o empresas con conocimiento del medio de comunicación, de forma tal que para el público no parezca publicidad y lo encuentre más o menos justificado en el contexto de la información. También se denomina información interesada con el fin de no confundirla con los «remitidos» *(véase)*.

Publicidad exterior
Outdoor advertising
Conjunto abigarrado de piezas publicitarias de todo tipo y condición cuya característica común es la de ser percibidas por el público cuando circula por las carreteras, transita por las calles o viaja en los transportes públicos. La contratación de los espacios donde situar estas piezas (paredes, vallas, vehículos públicos, mobiliario urbano, etc.) suele hacerse a través de las empresas de publicidad exterior, aunque nada impide contratar directamente con el propietario del establecimiento.

Publicidad genérica
Generic advertising
Acción publicitaria común de las empresas que elaboran iguales productos o prestan los mismos servicios sin que aparezcan sus marcas. La finalidad de la publicidad genérica es fomentar la adquisición global del producto o servicio, generalmente apelando a nuevos estilos de vida o a un cambio en los hábitos de consumo. Está pagada por las empresas del sector y cuenta, en ocasiones, con subvenciones de la Administración.

Publicidad institucional
Institutional advertising
Publicidad cuyo objetivo es dar a conocer características de la empresa para generar actitudes y opiniones favorables hacia ella que luego se traduzcan en la compra de los productos que elabora. Generalmente, las empresas que realizan este tipo de publicidad son fabricantes de varios productos en una misma «línea» *(véase)* de ellos y

sus apelaciones son de tipo emocional, destacando su preocupación por servir a su clientela potencial.

Publicidad mancomunada
Joint advertising
Publicidad realizada de forma colectiva entre varios «anunciantes» *(véase)*. Aunque puede darse el caso de publicidad mancomunada realizada por varios anunciantes competitivos entre sí (caso, por ejemplo, de publicidad de bebidas refrescantes con burbujas frente a los sin ella), lo normal es que se trate de una publicidad que realizan conjuntamente un anunciante nacional o multinacional con uno local, facilitando el primero al segundo el material publicitario y sufragando ambos el coste de los anuncios según acuerdos previos.

Publicity
Publicity
Término inglés de general utilización para designar cualquier información de interés para la empresa que, elaborada como noticia, se acepta y difunde por cualquier medio sin coste alguno. El objetivo de la *publicity* es claramente comercial, puesto que lo que se trata con ella es de influir indirectamente en la venta de los productos que elabora la empresa, creando un clima de opinión favorable hacia ella, explicando su funcionamiento, resaltando el valor de su equipo humano, etc. No se debe confundir con la llamada «publicidad encubierta» *(véase)*.

Público objetivo
Target
Conjunto de individuos a quienes se dirigen las acciones de marketing de la empresa en un tiempo y lugar determinados y que son considerados consumidores potenciales del producto o servicio ofertado. El público objetivo viene determinado no sólo por el producto que se ofrece, sino también por las metas específicas que persigue la acción de marketing.

Punto caliente
Warm point
En un gran establecimiento de venta al público, zona que recibe mayor afluencia de clientes y, consecuentemente, la que mayor oportunidades de venta ofrece. Los puntos calientes pueden ser naturales, derivados de la propia configuración del establecimiento (cruce de pasillos, proximidad de las cajas de salida, zonas de espera donde la mercancía ha de ser pesada o manipulada, etc.) y provocados mediante la decoración y, sobre todo, la iluminación.

Punto de venta
Point of purchase
Lugar donde habitualmente se realiza la venta del producto ofertado. Puede ser todo el establecimiento o cada división del mismo, tal como sucede en los puntos de venta de un «gran almacén» *(véase)*. La «PLV» *(véase)* es una de las acciones de marketing más importantes a realizar para los productos de gran consumo y, dentro de éstos, para los llamados de «compra por impulso» *(véase)*.

Punto frío
Cool point
En un gran establecimiento de venta al público, lugar en el que el comprador está me-

nos predispuesto para la compra: los rincones, las escaleras, las zonas oscuras, ruidosas, en desorden, con corrientes de aire, etc. Una buena labor de *merchandising (véase)* consiste en transformar los puntos fríos en «puntos calientes» *(véase)* mediante la iluminación adecuada, el aprovechamiento de los rincones, la colocación en ellos de artículos de consumo habituales, etc.

R

Raccord
Continuity
Término francés utilizado para indicar el perfecto ajuste de movimientos, gestos, vestimenta, emplazamiento de los objetos y demás detalles que afectan a la continuidad entre los distintos planos de que se compone un «filme publicitario» *(véase)*. La falta de *raccord* provoca la existencia de un filme publicitario sin continuidad lógica y, consiguientemente, da lugar a su rechazo psicológico. A veces, no obstante, se utiliza la falta de *raccord* intencionadamente para provocar un efecto humorístico.

Rappel
Rebate
Vocablo francés de uso generalizado en marketing, equivalente a prima de producción. Se trata de descuentos, bonificaciones, rebajas que se conceden por pronto pago y que se fundamentan en el hecho de que se ha alcanzado un volumen determinado de pedidos. En publicidad, se denomina así a la comisión de carácter anual que los medios conceden a las «agencias de publicidad» *(véase)* según el número de inserciones de los anuncios que les contratan.

Rating
Rating
Término inglés de general utilización que designa la «audiencia» *(véase)* de un determinado programa de radio o televisión expresada en porcentaje con relación al número total de hogares que poseen aparatos de radio o de televisión. El *rating* puede expresarse en tantos por ciento, pero lo más usual es determinarlo en tantos por uno, denominándose *rating point*.

Red de ventas
Sales network
Estructura de la organización de la acción comercial de la empresa, generalmente formada por áreas, zonas, delegaciones y vendedores. Las personas que forman parte de la red de ventas están interrelacionados mediante procesos jerarquizados y orientados para realizar de forma eficiente la venta de la oferta de la empresa en el mercado.

Relaciones públicas
Public relations
Conjunto de actividades de toda empresa, corporación, profesión u otra organización cualquiera encaminadas a la creación y mantenimiento de unas comunicaciones sociales eficaces con ciertos sectores determinados de público, tales como clientes, empleados o accionistas, o con el público en general, a fin de crear un clima de confianza entre ambos. Dado que la actividad de relaciones públicas persigue, en última instancia, efectos comerciales a través de actitudes favorables a la empresa, se puede encuadrar en el ámbito de la promoción en marketing.

Remitido
Clip sheet
Todo anuncio breve insertado en una publicación impre-

sa, generalmente un diario, en formato editorial para aparentar una noticia del «anunciante» *(véase)*. Con el fin de no confundirlo con las informaciones periodísticas, suele colocarse en la cabeza del texto la palabra «remitido» o «publicidad», o bien al final solamente la letra R mayúscula. Suele tener un precio de tarifa superior a la publicidad normal en relación con su tamaño.

Represión
Repression
Situación psíquica mediante la cual el individuo impide que una situación que le produce ansiedad se haga consciente. Como lo que se reprime es todo aquello que guarda relación con una realidad productora de frustración, existe un tipo de acción de marketing que utiliza como recurso la represión disfrazando esa realidad: el caso típico se da en la publicidad de productos de limpieza para el hogar, cuando se presentan en los anuncios en el marco de un ambiente doméstico acogedor y confortable para hacer, así, olvidar que la limpieza es una tarea desagradable psíquicamente.

Retruécano
Pun
Juego de palabras. Recurso estilístico muy utilizado en la creación de «mensajes publicitarios» *(véase)* por el carácter de juego que significa para el receptor averiguar el sentido dado al texto o a la imagen. Consiste en combinar dos palabras o dos imágenes en un enunciado con intención generalmente cómica, irónica o ingeniosa. A nivel verbal, por ejemplo:

«Pegaso, el mito lógico». A nivel visual, por ejemplo, un tocadiscos en el que el disco se sustituye por un plato de espaguetis que gira mientras suena la música.

Reunión de grupo
Group discussion
Técnica utilizada en la «investigación cualitativa» *(véase)* de los aspectos que interesa conocer del mercado. Utiliza como fundamento los hallazgos de la dinámica de grupos, campo de la psicología que se ocupa de la conducta de los pequeños grupos en su conjunto y de los comportamientos de los individuos dentro de ellos, así como las técnicas que se utilizan para su funcionamiento óptimo.

Rol
Role
Papel que desempeña un individuo dentro del grupo social al que pertenece y que determina una conducta esperada de él por parte de los demás miembros del grupo. La existencia de diferentes roles que pueden desempeñar los individuos en los grupos sociales resulta de gran importancia para la acción de marketing, puesto que puede ejercerse mayor influencia si se conoce el comportamiento de compra asociado a cada rol: en el hogar, el hombre puede orientar la compra de ciertos artículos de uso personal, pero es la mujer la que, efectivamente, los compra. El marketing, pues, puede dirigirse al rol del hombre como orientador o al rol de la mujer como compradora, o a ambos a la vez.

Ruido
Noise
Desde el punto de vista del marketing, todo fenómeno que se produce con motivo de la creación y difusión de «mensajes publicitarios» *(véase)* y que puede alterar la efectividad de la comunicación distorsionándola, reduciéndola e, incluso, impidiendo su comprensión. El ruido puede ser técnico (derivado de deficiencias de los equipos de los canales de difusión), semántico (derivado de los defectos en la creación de los mensajes) y de influencia (debido a las actitudes contrarias del receptor).

S

Sampling
Sampling
Término inglés de general utilización en marketing para denominar el reparto de muestras gratuitas de un determinado producto con el fin de hacerlo probar o, lo más frecuente, realizar en una fase posterior una investigación entre los receptores de las muestras a fin de obtener información sobre el grado de aceptación del producto.

Saturación
Saturation
Grado máximo en la difusión de la publicidad a partir de la cual no se consigue ningún resultado y que, en algunos casos, provoca un rechazo por parte del «público objetivo» *(véase)*. Suele calcularse en función de la frecuencia de aparición de los «anuncios» *(véase)* en relación con la «cobertura» *(véase)* de los soportes de comunicación utilizados para su difusión.

Seducción
Seduction
Conjunto de técnicas para crear un «mensaje publicitario» *(véase)* convincente, basadas en la idea de que parte de la conducta humana es, preferentemente, de carácter emocional por vía de sus sentimientos e impulsos, con lo cual el consumidor potencial puede apreciar el valor de una proposición publicitaria sin preguntarse acerca de su valor racional: el aroma en lugar del cigarrillo o la suavidad en lugar del detergente.

Segmentación
Segmentation
Técnica que consiste en fraccionar el mercado en grupos de personas relativamente homogéneas desde el punto de vista del criterio elegido (geográfico, económico, social, etc.) La segmentación es la base de una planificación de marketing eficaz, ya que permite dirigir las acciones a grupos de población determinados y conocidos, adaptándolos a los hábitos y estilos de vida del segmento.

Sondeo
Poll
Procedimiento de recogida de información a través de la formulación de una serie de cuestiones en forma de preguntas. El sondeo es el procedimiento más utilizado en marketing para la obtención de información, y con él se pretende recoger manifestaciones conscientes de un grupo de personas, escogidas según criterios basados en la teoría de las probabilidades, fundamentalmente relativas a sus opiniones, sus comportamientos y sus actitudes ante una determinada cuestión.

Soporte publicitario
Advertising vehicle
Desde un punto de vista comunicativo, cualquier ente físico concreto portador del «mensaje publicitario» *(véase):* una cierta emisora de radio, un determinado periódico, etc. Desde el punto de vista técnico, cualquier material sobre el que se inscribe el mensaje publicitario: pa-

pel, película cinematográfica, banda de sonido, etc. Se utiliza más la primera acepción, ya que permite diferenciar «medio» de «soporte», al ser el primero el conjunto homogéneo de soportes: la prensa es el medio, y cada periódico, el soporte.

Spot
TV commercial
Anuncio que se difunde por la televisión, generalmente de corta duración (20-30 segundos). El spot suele aparecer junto a otros anuncios de las mismas características formando un bloque establecido por las emisoras, aunque en casos concretos puede aparecer de forma aislada (patrocinio de programas, por ejemplo). A los *spots* de mayor duración, normalmente de 120 segundos, se les denomina publirreportajes.

Stand
Stand
Término inglés de general utilización para designar el espacio y la decoración utilizada por una empresa en un recinto ferial o en una exposición. En el *stand* influyen el tamaño, la localización y la decoración; y en esta última, la promoción en marketing desempeña un importante papel, no sólo desde el punto de vista de su participación en la decoración (carteles luminosos, etc.), sino en la distribución de catálogos y folletos que se realiza en él a los visitantes de la feria o exposición.

Storyboard
Storyboard
Término inglés de general utilización en el ámbito profesional de la publicidad que se aplica a la elaboración del boceto de los «spots» *(véase)* de publicidad y de los «filmes publicitarios» *(véase)*. Suele presentarse en un soporte de cartulina u otro material con una serie de recuadros dobles. El superior sirve para presentar, a modo de viñetas ilustradas, las secuencias de escenas que van a aparecer. El recuadro inferior lleva mecanografiado el texto que corresponde a cada escena, en su caso.

Sublimación
Sublimation
Término tomado del psicoanálisis que se refiere a los efectos provocados o buscados por una acción de marketing que intenta desviar las situaciones no admitidas socialmente hacia otras admitidas, como, por ejemplo, desviar la agresividad del individuo hacia el triunfo en el ámbito profesional a través de la utilización del producto o servicio que se propone para su compra.

Surtido
Assortment
Conjunto de artículos que pone a la venta un establecimiento. Las notas básicas del surtido son dos. De un lado, la amplitud, es decir, el número de «líneas de productos» *(véase)* vendidas en el establecimiento. De otro, la profundidad, es decir, las referencias por cada línea de productos, como, por ejemplo, las marcas, las tallas, etcétera.

T

Tabulación
Tabulation
En las encuestas realizadas por la «investigación de mercados» *(véase),* todas las operaciones encaminadas a cuantificar la información recogida en las preguntas del cuestionario. La tabulación puede hacerse manualmente, sobre todo cuando se trata de preguntas con respuestas abiertas, o mediante el uso del ordenador. En este caso, el cuestionario lleva codificadas las alternativas de respuestas a las preguntas, que suelen ser de tipo cerrado.

Telemarketing
Telemarketing
Toda acción de marketing que se realiza a través del teléfono. Es una parte importante del «marketing directo» *(véase)* que implica una planificación adecuada y, por lo tanto, no se trata de una acción aislada sino sistemática y respondiendo a una estrategia de marketing. Las modalidades del telemarketing son dos. De un lado, la emisión de llamadas, cuando la empresa se dirige a un conjunto de personas previamente seleccionadas de una «base de datos» *(véase).* De otro, la recepción de llamadas, cuando es la empresa la que responde a las personas que la llaman impulsadas por un estímulo previo lanzado al mercado y que siempre va acompañado de un número de teléfono donde hay que llamar, generalmente de forma gratuita, gracias a la utilización del prefijo 900.

Testimonial
Testimonial
«Mensaje publicitario» *(véase)* basado en la recomendación de un producto por parte de una persona cualificada. Puede ser un experto, un personaje famoso, el directivo de una empresa o el usuario del producto, siempre y cuando resulte creíble y, a ser posible, relacionado de alguna manera con el producto anunciado para confirmar con su presencia las ventajas del mismo. El testimonial es muy utilizado en la publicidad de nuevos productos o en la de nuevos modelos de los productos ya conocidos.

Tipología
Clustering
Técnica estadística de análisis utilizada en la «investigación comercial» *(véase)* para realizar clasificaciones de individuos en grupos, de tal forma que se dé la máxima homogeneidad interna en cada uno y la máxima diferenciación entre todos los formados. Suele emplearse para seleccionar grupos de «público objetivo» *(véase)* donde realizar experimentaciones de prueba para determinadas acciones de marketing.

Trabajo de campo
Fieldwork
Parte de la «investigación comercial» *(véase)* que abarca todas las tareas que se realizan fuera de las oficinas de quien lleva a cabo la investigación con el fin de recoger la información que se desea obtener. Aunque el trabajo

de campo suele hacer referencia a la realización de «encuestas» *(véase)*, por extensión se aplica también a la realización de otras tareas que recogen información, como las reuniones de grupo, las entrevistas en profundidad, etc.

Trabajo de gabinete
Desk research

Parte de la «investigación comercial» *(véase)* que abarca todas las tareas que se realizan en las oficinas de quien lleva a cabo la investigación. El trabajo de gabinete abarca todo el proceso investigador, pues comienza con la planificación general de la investigación y continúa elaborando los cuestionarios u otros documentos de recogida de información, tabulando resultados, tratando y analizando datos estadísticos y redactando el informe final.

U

Universo
Universe

En «investigación de mercados» *(véase),* total de elementos sobre los que se ha de realizar un estudio determinado (personas, objetos, fenómenos) y de los cuales se toma una muestra representativa a efectos investigadores. Para que la investigación llegue a conclusiones fiables, la definición clara del universo es el primer paso del proceso conducente a ello, pues puede suceder, por ejemplo, que se elija como universo un segmento de la población fácilmente medible pero que no mide el total (hogares con vídeo seleccionados por las guías de teléfonos, cuando hay hogares con vídeo que no tienen teléfono), con lo que la muestra se extrae de un conjunto que difiere considerablemente del conjunto que se quiere investigar.

V

Valla
Billboard
Pieza de «publicidad exterior» *(véase)* montada sobre un soporte que suele estar colocado en las paredes de los edificios urbanos, en las empalizadas de los solares de las grandes urbes y sobre armaduras independientes situadas en las calles o sitios estratégicos de las zonas rurales, singularmente cerca de las carreteras. Los tamaños estándar de las vallas suelen ser de 8×3 metros, de 3×4 y de 4×6, aunque nada impide la existencia de otros formatos mayores o menores, denominándose espectaculares a los anuncios de gran tamaño y colorido que se sitúan en las zonas de intensa circulación de vehículos en las grandes ciudades.

Vending
Vending
Término inglés con el que se denomina la venta automática, es decir, la realizada mediante máquinas expendedoras de artículos de toda clase y condición con tal de que puedan ser servidos a través de un recipiente o envoltorio adecuado: café, cigarrillos, refrescos y un largo etcétera. El *vending* es, en realidad, una modalidad del «autoservicio» *(véase)* en el que no existe personal para cobrar la compra, y se trata de una forma de venta cada día más desarrollada.

Venta a domicilio
Door-to-door selling
También llamada venta puerta a puerta, es un sistema de distribución de productos sin intermediarios que, aunque ya no tiene la importancia de antaño, continúa siendo una forma de vender para ciertos productos (enciclopedias, etc.) en ciertas zonas (pueblos alejados de núcleos urbanos, etc.). Los llamados círculos de lectores son, con mucho, la modalidad de venta a domicilio con mayor importancia.

ÍNDICE DE TÉRMINOS

A

B

C

D

E

F

Feed-back
Fidelidad de marca
Filme publicitario
Filmlet

Folleto
Franquicia
Frecuencia
Fuente de información

G

Galerada
Galería comercial
Gama de productos
Gatekeeper
Geomarketing
Gestión de pedidos

Góndola
Gran almacén
Grupo de presión
Grupo de referencia
Grupo social

H

Hábitat
Hábito
Hábitos de compra
Halo
Hard discount

Hard selling
Heurística
Hipérbole
Hipermercado

I

Iconicidad
Identificación
Ilustración
Imagen corporativa
Imagen de marca
Imagen de producto
Impacto
Impulso
Incentivo

Intermediario
Investigación comercial
Investigación cualitativa
Investigación cuantitativa
Investigación de mercados
Investigación motivacional
Investigación operativa
Iteración

J

K

L

M

N

O

P

R

Raccord
Rappel
Rating
Red de ventas
Relaciones públicas
Remitido

Represión
Retruécano
Reunión de grupo
Rol
Ruido

S

Sampling
Saturación
Seducción
Segmentación
Sondeo
Soporte publicitario

Spot
Stand
Storyboard
Sublimación
Surtido

T

Tabulación
Telemarketing
Testimonial

Tipología
Trabajo de campo
Trabajo de gabinete

U

Universo

V

Valla
Vending
Venta a domicilio

COLECCIÓN FLASH